Atlas van Engelen en Feeën

Uitgeverij Schors - Amsterdam

Inhoud

Engelen en feeën begeleiden ons

In religieuze geschriften, volksgeloof, sagen, sprookjes en mythen uit alle culturen en tijdperken zijn talloze beschrijvingen te vinden van de bewoners van de onzichtbare werelden – elementalen en lichtwezens.

Wezens uit verborgen sferen

Als het volle maan is vertoeven lichtwezens 's nachts op open plekken in de bossen en kunnen wij een glimpje opvangen van deze wonderbaarlijke wereld.

Hemelse boden en elementalen waren in de klassieke oudheid al bekend bij de Soemeriërs, Grieken, Egyptenaren en Perzen. Zij werden beschreven in de veda's, de heilige geschriften van de hindoes, en niet te vergeten in de bijbel en de koran.

Sinds onheuglijke tijden hebben helderziende, sensitieve mensen verteld over de gevleugelde, licht uitstralende wezens die zij in visioenen zagen. Veel kunstenaars hadden toegang tot de 'werkelijkheid achter de werkelijkheid'. Door alle tijden heen is dit zichtbaar in hun werken. Ook tegenwoordig nog 'zien' mensen engelen en feeën. Wanneer ik in dit boek spreek van 'wezens uit de onzichtbare werelden' bedoel ik dat deze wezens zich weliswaar onttrekken aan onze gewone manier van zien, maar niet dat zij per se onzichtbaar zijn.

Werelden aan gene zijde

Onze wereld is rijker en kent meer schakeringen dan ons gebruikelijke alledaagse perspectief doet vermoeden. Op elk moment, wanneer we maar willen, kunnen we ons bewustzijn openen om contact te maken met het rijk van de engelen en feeën.

Geheimzinnig leven om ons heen

Niet alleen engelen staan ons voortdurend terzijde, ook natuurgeesten zoals feeën, deva's en elementalen omringen ons. Zij wachten op het moment dat wij ons tot hen wenden. Zoals wij de wezens uit de onzichtbare werelden nodig hebben voor onze ontwikkeling, zo hebben zij op hun beurt de toewijding en aandacht van de menselijke ziel nodig. Het werk van de machtige lichtwezens die ons kracht geven en beschermen, is van het grootste belang voor het voortbestaan van onze planeet en zijn bewoners. Daar kunnen wij een steentje aan bijdragen. Zoals wij een tuin verzorgen opdat de planten welig tieren; zoals wij onze kinderen en andere mensen liefdevol ondersteunen opdat zij zich vrij kunnen ontwikkelen – zo kunnen wij ook omgaan met de krachten van het licht. Op deze manier is het mogelijk op wereldniveau een positieve verandering te bewerkstelligen.

*In de proloog van het drama **L'angelo de Caino** (De engel van Kaïn) van de Italiaanse schrijver Luigi Santucci (*1918) komt een engel voor die vanaf het toneel de toeschouwers toespreekt: 'Ik ben de engel. Wat zijn engelen? Weet iemand van u dat nog? ... Of u er nu weet van hebt of niet, wij zijn bij u ... op een door God bezegelde, onveranderlijke wijze, op ieder moment, onafgebroken, onophoudelijk.'*

Om iets van de kracht terug te geven waarmee de engelen en feeën ons zo rijkelijk bedelen, zijn grote daden niet nodig. Het is voldoende als u zich van hun alomtegenwoordige aanwezigheid bewust bent, als u ze erkent en respecteert. Ik nodig u van harte uit de wezens uit de onzichtbare werelden een plek in uw leven te geven en een levendig contact met ze te onderhouden. De we-

Deze bontgekleurde, glinsterende regenboog slaat een brug voor de geesten van gene zijde naar de onze.

reld van de engelen en feeën ontdekken betekent ook: het vinden van magie en poëzie.
Wanneer het bestaan grauw en zinloos schijnt, wordt het hoog tijd uw ogen, oren en hart te openen. U houdt zelf de toverstaf in handen waarmee u uw leven op magische wijze kunt veranderen – u hoeft hem alleen maar te gebruiken...

Sleutelbelevenissen

Wie openlijk over engelen en feeën praat, moet er rekening mee houden dat hij of zij meewarig wordt bekeken. Tenslotte geloven veel mensen uitsluitend in wat zij kunnen zien. En dus doen zij de onzichtbare wereld af als bijgeloof en klinkklare onzin. Maar er zijn ook anderen voor wie het feeënrijk en het contact met hun beschermengel net zo reëel zijn als hun fiets. Waar komt dit verschil in opvatting vandaan? Zijn mensen die tot engelen bidden 'gek', terwijl de anderen 'normaal' zijn? Ik denk het niet! Uit een representatieve enquête blijkt dat bijna 55 procent van de mensen aan engelen en natuurgeesten gelooft: mannen en vrouwen, grootouders, kinderen, postboden, professoren, taxichauffeurs, kunstschilders, wetenschappers, hoveniers – kortom, heel normale mensen uit alle lagen van de bevolking.
Hoe komt het dat deze mensen geloven aan wezens die zich niet op de gewone manier laten waarnemen? Heel eenvoudig: zij hebben de sleutel tot de verborgen werelden gevonden. Zij hadden ooit in hun leven een ervaring die hun ogen opende voor de andere werkelijkheid.

Zonder beschermengel zouden kinderen aan allerlei gevaren blootstaan. Deze lithografie uit 1875 toont een geliefd motief.

Een nieuwe kijk op de dingen

Een sleutelbelevenis is de aanleiding tot een radicale verandering van onze kijk op de dingen: wie eenmaal een engel heeft 'gezien' of in de natuur de stemmen van feeën heeft 'gehoord', of wie een keer de energie heeft gevoeld die uitgestraald wordt door een bepaalde boom, die weet dat ook de onzichtbare wereld heel reëel kan zijn. Zo belangrijk als de lucht voor ons is om te overleven, terwijl wij die toch ook niet kunnen zien, zo belangrijk is het voor onze ziel om ons bezig te houden met de werkelijkheid die voorbij het alledaagse ligt.

Engelen en feeën waarnemen

Ik ben ervan overtuigd dat de meesten van ons ooit een ontmoeting met engelen en natuurgeesten hebben gehad. Niet iedereen kan zo'n ervaring goed plaatsen en erover praten is nog moeilijker.
Maar vermoedelijk hebt u, lezer van dit boek, al ooit een engel gezien of een ervaring met natuurgeesten gehad. Misschien leeft er een onbestemd verlangen in uw hart dat u ertoe aanzet op zoek te gaan naar deze andere werelden.
Dit boek kan u helpen een stap verder te gaan. Misschien kan het een sleutel voor u zijn, waarmee de poorten naar het rijk van de engelen en feeën zich spontaan voor u openen. In ieder geval zal dit boek u stimuleren, zodat u uw eigen ervaringen op een rijtje kunt zetten. Sleutelbelevenissen kunnen weliswaar niet bewust worden gecreëerd, maar u kunt wel zorgen voor de basisvoorwaarden.

Hoe dit boek u kan helpen

De ontmoeting met engelen en feeën is een heel persoonlijke aangelegenheid en dat geldt zeker ook voor de reis naar onzichtbare werelden. Er bestaan zoveel wegen als er mensen zijn. Het komt erop neer dat ieder zijn eigen toegang moet vinden.
Dit boek is dan ook niet meer dan een handreiking. Het kan dienen als een kleine reisgids, het kan helpen u te oriënteren en u attent maken op de 'bezienswaardigheden'. Maar de reisgids kan nooit de reis zelf vervangen. Het is aan u de route te kiezen.

Ervaringen

Het rijk van de lichtwezens en natuurgeesten kan men niet in een laboratorium onderzoeken. Engelen en feeën weigeren gelukkig hardnekkig zich in reageerbuizen te laten vangen. Daarom zal eenieder die naar wetenschappelijke feiten zoekt, teleurgesteld worden. En toch bestaat er een weg om naar de wereld van de engelen en feeën te komen. Deze weg loopt via openheid, sensitiviteit en ervaren.

Voorbereidingen voor de reis

U vindt in dit boek aanwijzingen om uw bewustzijn te kunnen openen voor de wezens uit de onzichtbare werelden.

- U kunt uw kennis van natuurgeesten en engelen verdiepen door inzicht te verkrijgen in de traditie van de elfen, nimfen en engelen.
- Het lezen van mythen en heilige geschriften over natuurgeesten en het bezig zijn met oude gebruiken maakt u bewuster van de onderlinge samenhang.
- Door meditatie en rituelen kunt u in de praktijk met de energieën van de levende natuur werken. Zo gebruikt u de feeënmagie voor uw gezondheid en uw ontwikkeling.
- U kunt uw bewustzijn voor lichtwezens verfijnen. Met de juiste voorbereiding kunt u zich 'afstemmen' en zo het contact met engelen en natuurgeesten vergemakkelijken.
- Indien u uw 'antenne' juist hebt afgesteld, zal uw 'ontvangst' optimaal zijn.
- Laat u inspireren door de gedichten en afbeeldingen in dit boek. Engelen en feeën leven in een wereld van schoonheid en poëzie. Indien u meer kleur, geur, muziek en 'sfeer' in uw leven brengt, zullen de lichtwezens u graag bezoeken.
- U kunt de heilzame krachten van de elementalen gebruiken en u met de verborgen betekenis van de water-, aarde-, lucht- en vuurgeesten bezighouden om uzelf beter te leren kennen en uw persoonlijkheid te ontwikkelen.
- U zou uw contact met de natuur kunnen intensiveren en wat vaker de bossen, rivieren, meren en wolken opzoeken. U kunt met meditaties en rituelen gaan experimenteren.
- Engelen kunt u om hulp vragen in moeilijke situaties of als u een ander wilt helpen. U kunt uw beschermengel aanroepen en hem vragen u te ondersteunen.
- Het is mogelijk de taal van de engelen en feeën beter te leren begrij-

ONTMOETINGEN

Er zijn sleutelbelevenissen die de poorten naar het rijk van de feeën of de wereld van de engelen openen.
Misschien...

- ...hebt u iemand ontmoet die u iets vertelde over engelen of natuurgeesten wat u geraakt heeft en waardoor u nieuwsgierig bent geworden.
- ...maakte u een buitengewone belevenis mee, bent u in de natuur opeens stil geworden omdat u een heel speciale energie om u heen voelde.
- ...ontmoette u een engel in een moeilijke fase van uw leven en schonk de engel u nieuwe levenskracht en moed.
- ...hebt u een indrukwekkende droom gehad, waarin wezens voorkwamen die niet uit deze wereld zijn; een droom waardoor u wellicht nog steeds gefascineerd wordt.

Op plaatsen waar de natuur nog intact is, kunt u de aanwezigheid van de natuurgeesten voelen. Door meditatie zal het contact zich verdiepen.

Heel af en toe ervaren wij de magie van de bezielde natuur – gezegende ogenblikken waarin wij één worden met de natuur.

pen en de berichten te duiden die u in uw dromen of meditaties ontvangt.

Herontdekking van de betovering

Kinderen staan meestal nog dicht bij de wereld van feeën en elfen. Bovendien hebben kinderen een goed contact met hun beschermengelen. Hoe jonger het kind, des te dichter staat het bij de goddelijke oorsprong. Hoe langer wij op deze aarde vertoeven, hoe moeilijker het wordt om ons de wezens die in de onzichtbare wereld wonen te herinneren. Geen wonder dat volwassenen haast nooit die 'gezegende momenten' meemaken, waarin wolken, wind, bomen of bloemen tot hen lijken te spreken. Heinrich Heine (1797-1856) beschrijft in zijn gedicht Waldeinsamkeit (blz. 10) heel mooi de afkeer van het mystieke, het afsterven van de fantasie en het proces van de verdwijning van de betovering. Zijn de feeën uit zijn jeugd bij het begin van het gedicht nog levendig beschreven, aan het eind zegeviert de ontnuchtering, die hand in hand gaat met het proces van volwassenwording.

Terug naar de oorsprong

Deze 'onttovering' is een normaal proces dat samenhangt met onze ontwikkeling op aarde en de noodzakelijke oriëntering op stoffelijke zaken. Zijn de ik-krachten in de volwassenheid eenmaal ontwikkeld, dan wordt het tijd op zoek te gaan naar de verloren herinnering aan onze eigenlijke oorsprong.
Het is belangrijk dat wij als het ware weer leren ons te verbazen en te kijken met kinderogen. Gelukkig voelen steeds meer mensen de behoefte hun hart open te stellen. Het verlangen naar betovering is niets anders dan een intelligente reactie.
Nu, aan het begin van een nieuw millennium, lijkt onze situatie meer dan ooit te stagneren. Technische vooruitgang, ons consumptiepatroon en wetenschappelijke interesse bepalen het wereldgebeuren. De ontbrekende schakel naar zijn goddelijke oorsprong heeft de mens bang gemaakt. Nu wij het vertrouwen in hemelse krachten en aardse machten zijn kwijtgeraakt, klampen wij ons vast aan alles dat ons een schijnzekerheid voorspiegelt. Eigenbelang heeft kerncentrales, genetisch gemanipuleerde voedingsmiddelen, het klonen van levende wezens en de vernietiging van ons natuurlijk leefmilieu mogelijk gemaakt. De gevolgen voor het klimaat en de aarde zijn dagelijks in het nieuws.
Wanneer is het juiste moment voor de ommekeer? Vandaag! Nu is het juiste moment voor de mens om zich weer van zijn oorsprong bewust te worden. Werken met engelen en natuurgeesten is één van de mogelijkheden. Wij kunnen deze goede machten een plaats in ons leven geven, zoals vroeger heel gewoon was. Uiteindelijk gaat het om de vraag naar wat realiteit is. Wat wij zien en horen, lijkt echt te zijn. Onze waarneming is echter afhankelijk van verschillende factoren – bijvoorbeeld onze zintuigen, onze hersenen en culturele invloeden.

Tegenwoordig zijn engelen, feeën en 'witte wieven' verbannen naar de wereld van de sprookjes, mythen en de religie (Weisse Frau, Moritz von Schwind).

Boseenzaamheid

O, mooie tijd! Toen als kransen
de zeven hemelen hingen,
waar de elfen dansen
en de waternimf danst
en de kobold sart
betoverden mijn
sprookjesdronken hart!
Poorten van triomf leken o zo schoon
te overkoepelen in 't bos de boom –
Ik liep rond als omkranst alras
't Was of ik de winnaar was.

In het woud zijn de elfen
verdwenen.
Jachthoorns hoor ik,
blaffende honden verschenen.
In 't struikgewas ligt het ree verborgen,
mag met tranen zijn wonden verzorgen.
Waar is de alruin?
Ik geloof, hij zit
angstig verborgen in 't rotsenpuin.
Jullie kleine vrienden,
ik kom terug
doch zonder krans en zonder geluk.

Waar is de fee
met het lange, goudglanzende haar,
De eerste schone, die ik beminde,
verheven en waar.
De eikenboom waarin woonde
het lieflijke kind
staat triest zonder blad'ren
gehavend door de wind.

De beek ruist troosteloos
gelijk de Styx
Aan de eenzame oever zit een nix,
doodsbleek en stom
als een beeld van steen
schijnt diep in kommer
verzonken in geween.
Medelijdend kom ik naderbij –
zij schrikt op, kijkt van opzij,
en zij vlucht
loopt verschrikt henen,
als was haar juist een spook verschenen.

HEINRICH HEINE (1797-1856)
Uit: Waldeinsamkeit

Wanneer de sjamaan in extase zijn ziel laat reizen, wordt hij een medium van de goden en de geesten.

De mooie Lorelei betoverde met haar verleidelijke zang de schippers op de Rijn (ansichtkaart uit 1924).

Het wereldbeeld van de sjamanen

Voor sjamanen zijn bomen levend op een zeer reële wijze. Zij hebben met de wezens uit andere sferen net zo'n nauwe band als met de regen, de zon of de wisseling van de seizoenen. De indianen stonden zeer dicht bij de natuur. Zij kenden verborgen wezens die via de natuur tot de ingewijden spraken. De Algonkin in Canada noemden de bovennatuurlijke geesten Manitoe, wat 'geest' betekent. Zowel de 'Grote Geest' als de in de natuur levende geesten – onuitputtelijke bron van magische energieën – heetten Manitoe. De indianen wisten dat in bergen en bomen bijzonder machtige geesten huisden. En zij vereerden aarde, hemel, donder en bliksem als bezielde geestwezens.
Bij alle volkeren waren ooit in het verre verleden gebruiken in zwang die getuigen van kennis over een andere werkelijkheid. De mensen uit de oude tijd stonden nog dicht bij engelen en feeën. Maar ook in onze tijd kunnen wij nog contact maken met de geestelijke wereld. Wie oren heeft om te horen, kan ook de stem van zijn engel waarnemen. En wie bereid is zich open te stellen, kan van iedere bloem, van iedere boom een verhaal te horen krijgen.

Bemiddelaar tussen hemel en aarde

Er bestaan vandaag de dag enorm veel boeken over engelen en sommige daarvan houden zich ook bezig met natuurgeesten en feeën. Merkwaardig is dat er tot nu toe haast geen boek te vinden is dat de thema's 'engelen' en 'natuurgeesten' als gelijkwaardig behandelt. Aan de andere kant is dat weer niet zo verwonderlijk, aangezien engelen meer in de religie thuis lijken te horen terwijl feeën en elementalen een rol spelen in mythen, sagen en sprookjes.

Tijdens een bovenaardse nacht komen de geesten van de aarde tevoorschijn; de oneindige hemel is het domein van de engelen.

Engelen en natuurgeesten

Bij nadere beschouwing blijken er wel degelijk overeenkomsten te zijn. In de traditie van oude volkeren worden vaak wezens beschreven die men engelen, maar ook natuurgeesten zou kunnen noemen. In de Noord-Europese sagen van de achttiende en negentiende eeuw komen bijvoorbeeld 'witte wieven' voor, in het wit geklede, licht uitstralende geesten die boven de grond zweven. Het is niet duidelijk of hiermee engelen of feeën bedoeld zijn. In de oosterse religies doet zich hetzelfde probleem voor: er is geen duidelijke grens voor het onderscheid. Het is niet met zekerheid te stellen of deva's (blz. 21) nu engelen of natuurgeesten zijn.

Maar is nog een goede reden om u in dit boek zowel nader tot de engelen als tot de feeën te brengen. Dit hangt samen met de diepere betekenis van de vertegenwoordigers van de onzichtbare werelden. Engelen zijn boodschappers van God, feeën zijn geesten van de natuur. Beide groepen hebben een bijzondere betekenis voor de menselijke ontwikkeling. Zowel feeën als engelen bieden degene die zich met hen bezighoudt ontzaglijke kansen, want zowel de hemelse boodschappers als de natuurgeesten spelen een belangrijke rol als bemiddelaar – zij zorgen als het ware voor een goed contact. De engelen zorgen voor een goed contact naar 'boven', want zij geleiden ons naar het hemelrijk en bieden goddelijke hulp.

Feeën en natuurgeesten bieden ons de mogelijkheid de energieën uit de natuur te gebruiken en de aarde als een bezield wezen te zien.

Alleen wanneer wij door de engelen met het 'boven' – de hemel – verbonden zijn, en door de feeën en natuurgeesten met het 'beneden' ofwel de aarde, kunnen wij ons hele potentieel gebruiken. Dan staan alle mogelijkheden voor ons open: wij kunnen beschikken over onze helende, lichtende, harmoniserende en vrede brengende krachten en ze inzetten waar nodig.

Taken van engelen en natuurgeesten

Engelen	Boodschappers van God	Zij zorgen voor het contact met de hemelse Vader en maken de mens bewust van zijn hemelse oorsprong
Natuurgeesten	Boodschappers van de natuur	Zij zorgen voor het contact met moeder Aarde en maken de mens bewust van zijn aardse oorsprong.

Weten jullie dat de bomen spreken?
Ja, ze spreken: ze spreken onder elkaar
en wanneer jullie de moeite nemen
naar hen te luisteren,
zullen zij ook tot jullie spreken.
De moeilijkheid met de blanken is
dat zij nooit luisteren.
Zij hebben de stem van hun indiaanse
broeder niet gehoord,
Hoe kunnen zij dan de stem van de
natuur horen?
Ik heb veel van de bomen geleerd:
dingen over het weer en over de dieren
en over de geest van het universum.

WALKING BUFFALO

'Is de hemel niet de vader en de aarde de moeder? En zijn niet alle levende wezens haar kinderen, of zij nu voeten, vleugels of wortels hebben?' aldus Zwart Hert, een sjamaan van de Sioux.

De geesten van de natuur

Natuurwezens laten zich op verschillende manieren aan ons mensen zien. Wij kunnen hen tegenkomen op plaatsen waar de natuur met haar elementen aarde, vuur, water en lucht gerespecteerd wordt en waar men met liefde voor bloemen en planten zorgt.

Met de aarde verbonden

Feeën, elfen en elementalen leven in een verborgen wereld. Ze laten zich niet in de buitenwereld, maar alleen innerlijk zien. Wetenschappelijke beschouwingen hebben hier geen nut: wanneer u iets wilt ontdekken, zult u ervaringen in de praktijk moeten opdoen.

Natuurwezens

In religieuze geschriften, mythen en sprookjes uit alle culturen worden natuurgeesten beschreven die de visioenen van zieners, wijzen en priesteressen weerspiegelen. Deze eeuwenoude overleveringen laten zien dat mensen steeds weer ontmoetingen met lichtwezens uit de natuur hebben gehad, die zij op allerlei wijzen hebben waargenomen. Iedere cultuur en iedere tijd heeft een eigen wereldbeeld, daarom verschillen de beschrijvingen van de bewoners uit de onzichtbare wereld zo enorm van elkaar. Hoe dan ook – al spraken de Grieken over nimfen en diverse goden, de Noorse sagen over elfen en de sprookjes en het volksgeloof over feeën en gnomen – wij hebben altijd te maken gehad met symbolische figuren die de energiewezens van de natuur representeren. Het volgende overzicht van de natuurgeesten laat zien dat onze voorouders feeën en elfen hebben waargenomen. Uiteraard zijn hun feeënervaringen niet identiek aan die van de Grieken, de Kelten of het volksgeloof uit de Middeleeuwen! Het bewustzijn van de hedendaagse mens staat op een heel andere trede. Tegenwoordig hebben wij de mogelijkheid ons zonder angst, bijgeloof of valse schroom te verbinden met de lichtwezens uit de natuur.

Op plaatsen waar bloemen en planten ongestoord kunnen groeien, voelen feeën en andere natuurgeesten zich prettig.

Zeemeerminnen lijken op mensen, maar zij hebben geen ziel. Zij kunnen alsnog een ziel verkrijgen door de liefde (schilderij van Arthur Rackham).

Waar leven dwergen, nixen, sylfen en nimfen?

Wie de natuur opzoekt met de bedoeling contact te maken met de energiewezens van de aarde, moet niet verwachten in levenden lijve een dwerg met een rode muts en een witte baard te ontmoeten die een zwaard aan het smeden is. Deze voorstelling van dwergen is symbolisch: de dwerg (klein wezentje, mannelijke energie) met baard (symboliseert de hoge ouderdom van de natuurgeesten – veelal zijn zij zo oud als de aarde zelf) smeedt ijzer (aardgeesten werken met de stoffelijke structuur van de aarde, zoals ertsen, waarvan het gesmede ijzer een symbool is).
Net als dwergen zijn nimfen, sylfen, zeemeerminnen of de goden uit de Griekse, Romeinse of Keltische mythologie symbolische representanten van de natuurgeesten.

Daar bij deze beek alleen,
Neemt de mooie elf een bad:
Armen en nek, wit en lieftallig,
Glanzen in de maneschijn sereen.

HEINRICH HEINE (1797 – 1856)
Uit: "Buch der Lieder"

Op deze manier bekeken is het interessant zo veel mogelijk over oude gebruiken, sprookjes en mythen te ontdekken. Daardoor wordt samenhang zichtbaar en de intuïtie wordt gestimuleerd. Ik raad u dan ook aan veel over natuurgeesten te gaan lezen en na te denken over de diepe waarheden die in sprookjes en sagen schuilen. Daartoe is ook de volgende uiteenzetting over de geestwezens van de natuur bedoeld: ter inspiratie.

'Goed dat niemand weet ...

... dat ik Repelsteeltje heet', staat in het beroemde sprookje van de gebroeders Grimm. Op het moment dat zijn naam geraden is, verliest de dwerg zijn toverkracht – een mooi voorbeeld dat het uitspreken van een naam niet altijd positief uitpakt. In het feeën- en elfenrijk komen wij een overstelpende verscheidenheid aan namen en benamingen tegen. In sprookjes, mythen en sagen komen verschillende wezens voor zoals de elfen, asura's, asrai, deva's, fairies, kobolden, najaden, nereïden, nixen, sylfiden, trollen, undinen, dwergen en nog veel meer natuurgeesten. Kunt u door de bomen het bos nog zien?

Een bont volkje

De verwarring ontstaat met name omdat ieder volk eigen namen aan de natuurgeesten heeft gegeven. In Nederland staan de bewoners van het natuurrijk bekend als: feeën, elfen, nixen en dwergen. De Duitse namen zijn vrijwel identiek. In Nederland heten de elfen, die in elfenheuvels wonen, ook wel alven, en wij kennen de kabouter, een vlijtige en slimme dwerg. De Russen hebben hun leschiye en de Engelsen fairies en pixies. De Schotten vertellen hun kinderen verhalen over selkies, terwijl men in Scandinavië spreekt over ellefolk. In Oostenrijk hebben de natuurgeesten namen zoals Butz, Zapfenmandl, Schabokken, Nörgele. Ook de Griekse mythologie beschrijft bos-, berg-, lucht- en watergeesten,

Water hoort tot het vrouwelijke en wordt bevolkt door geesten die verlokken en verleiden, maar ook de dood brengen (Hylas en de nimfen, John William Waterhouse, 1890).

zoals de nimfen, die men weer kan onderscheiden in dryaden, nereïden, oceaniden en andere bewoners van de aarde, de lucht en het water. De Indiërs vertellen over deva's, terwijl de Perzen hun feeachtige wezens peris noemen. (Zie het lexicon, blz. 87 e.v.)
Tot overmaat van verwarring komen sommige schrijvers en feeënkenners nog met eigen namen aandragen. Of u spreekt van elfen, deva's of natuurgeesten, is een puur persoonlijke kwestie. Als u wilt, kunt u de namen van engelen en feeën in meditaties ervaren.
Soms kan het handig zijn om bomen of bloemen die een sterke energie uitstralen te 'dopen'. Indien u ze een naam geeft, kunt u een persoonlijke verbinding met de natuurwezens aangaan. Bedenk daarbij wel dat het niet om de benaming gaat maar om de ervaring.
De verschijningsvormen van de natuurgeesten zijn zo divers als de na-

Onder het donkere, spiegelende wateroppervlak liggen de paleizen van de watergeesten, nixen en undinen.

In de schemering gaat de deur naar de wereld van de natuurgeesten op een kier en wordt het betoverende rijk van verschijningen even zichtbaar.

tuur zelf. Het is het gemakkelijkste de traditionele benamingen aan te houden en onderscheid te maken tussen natuurgeesten, elementalen, feeën en elfen.

Hoe hebben de lieflijke elfen
mij omfladderd!
Een luchtig volkje dat babbelt
en snatert!
Een beetje stekend is de blik,
belovend een zoet
doch dodelijk geluk.

HEINRICH HEINE (1797-1856)
Uit: Waldeinsamkeit

Natuurgeesten

De benaming 'natuurgeesten' is een soort overkoepelende term. Alle lichtwezens – feeën, elfen, kobolden, nimfen, deva's – zijn natuurgeesten. In deze grote familie is één uitzondering: de engelen. Engelen werken niet binnen het aardse sfeer, maar in het bereik van de hemelse sferen.

Daarom behoren zij niet tot de natuurgeesten. Alle natuurgeesten, of het nu gaat om elementalen of feeën, werken op de een of andere manier voor het voortbestaan van de aarde: zij beschermen het natuurlijke milieu en zij koesteren de mens met helende energieën.

Elementalen

De termen 'elementalen' en 'natuurgeesten' worden nog wel eens door elkaar gebruikt. De term 'elementalen' heeft betrekking op een soort natuurwezens die specifiek werken in de vier elementen van de natuur, dus aarde-, water-, lucht- en vuurgeesten. Paracelsus (1493-1541), de grote geleerde en arts uit de late Middeleeuwen, verdeelde de natuurgeesten naar de vier elementen: de aardgeesten noemde hij gnomen, de watergeesten nimfen en undinen, de luchtgeesten sylfiden en de vuurgeesten salamanders en vulkanen. Ook Goethe beschreef deze machtige natuurgeesten in samenhang met de elementen aarde, water lucht en vuur in Faust (zie blz. 25).

Elfen en feeën

Elfen en feeën behoren tot de natuurgeesten. Zij bewonen de gehele levende natuur en tevens de vier elementen. Er bestaan rivier-, weide- en bosfeeën; lucht-, vuur-, boom- en bloemenelfen. De reden waarom men het begrip natuurgeesten vaak gelijkstelt aan de elfen en feeën is hun sterke personificatie. Het zijn geen anonieme wezens, zij bezitten een eigen identiteit. In tegenstelling tot de meer neutrale, ongrijpbare elementalen, staan elfen en feeën dicht bij de mens. Zij hebben een gezicht en een stem. Hun uiterlijk heeft menselijke trekken. Dus elfen en feeën representeren het persoonlijk aspect van de natuurgeesten.

In het Tsjechische Reuzengebergte woont de aardgeest Rübezahl. Hij helpt de armen en straft slechte mensen (schilderij van Moritz von Schwind, 1846/1851).

De elfen van IJsland

In de noordelijke landen is de oorspronkelijke, positieve betekenis van de woordstam bewaard gebleven – hier genieten de elfen meer aanzien dan in Nederland. In Engeland, Ierland en Schotland zijn de natuurgeesten een onderdeel van het dagelijkse leven. In Reykjavik bestaat zelfs een gemeentelijke elfencommissie. Voor de IJslandse VVV hebben zij een elfenkaart vervaardigd en bij de planning van nieuwe straten en wijken hebben zij een adviserende stem.

Daarom is het relatief makkelijk verbinding met ze maken en een persoonlijk contact op te bouwen.

Lieflijke geesten

Als wij in sprookjes, sagen, mythen en in het volksgeloof kijken naar het gebruik van de begrippen 'elfen' en 'feeën', wordt duidelijk dat die in verschillende tijden steeds iets anders betekenen. Vandaag de dag denken wij bij feeën en elfen op de eerste plaats aan mooie, vrouwelijke natuurgeesten. Het is interessant te zien dat zij overal ter wereld vrijwel hetzelfde werden beschreven. Zelfs in de Afrikaanse traditie wordt gezegd dat zij blond zijn.
Elfen en feeën zijn lichtwezens die positieve krachten uitzenden. Zij worden meestal omschreven als tere, sierlijke wezens. De termen 'elfen' en 'feeën' zijn eigenlijk synoniem. Het verschil tussen deze twee is dat het woord 'fee' afgeleid is uit het Frans en het woord 'elf' uit de Scandinavische talen stamt. In de literatuur vinden wij legio aanwijzingen dat 'elf' en 'fee' alleen maar twee verschillende namen zijn voor eenzelfde fenomeen. Vandaar dat wij de meesten wei-, rivier-, boom- of aardgeesten zowel elfen als feeën kunnen noemen.
Er zijn ook kleine verschillen: feeën worden in de regel in sprookjes genoemd en worden dan meestal niet beschouwd als natuurgeesten. Men brengt hen wel in verband met positieve toverkrachten. Bovendien zijn elfen in de regel heel kleine wezentjes, terwijl feeën veelal een grotere, duidelijker waarneembare gestalte aannemen. Als wij dan bedenken dat ieder mens naar gelang van de ontwikkeling van zijn sensitiviteit weer andere visioenen van deze wezens heeft, spreekt het vanzelf dat er zoveel sterk uiteenlopende opvattingen bestaan.

Het rijk van de elfen

Elfen zijn lichtwezens die in volkssagen veelal worden omschreven als kleine feetjes. Zij beschermen bomen en andere planten door ze van lichtenergie te voorzien. Elfen noemt men ook alben of alven (Noors alfar, Deens elve, Duits Elfe of Elbe). Dezelfde grondvorm van het woord zit ook in het Zweedse woord elf (rivier) en het woord alpen. Door hun hoogte en de met sneeuw bedekte witte bergtoppen wijzen de Alpen op aspecten van licht en helderheid. De naam komt van het Latijnse albus dat 'wit' betekent.

Licht- en donkeralven

In Oud-Germaanse gedichten komen drie soorten elfen voor: lichtalven, donkeralven en zwartalven.
De lichtalven houden zich voornamelijk op in de lichte regionen van de natuur. De donkeralven leven in holen en rotsspleten, de zwartalven vertoeven in de onderwereld.
Sinds het einde van de twaalfde eeuw wordt alleen nog tussen licht- en donkeralven onderscheid gemaakt, waarbij de laatstgenoemden doen denken aan dwergen en kobolden.
Het Nederlandse woord 'elf' en het Duitse 'Elfe' zijn ontleend aan het Engelse 'elf'. In Duitsland komt het woord 'Elfe' voor het eerst voor in de achttiende eeuw in een vertaling van Johann Jakob Bodmer (1698-1783). Diens vriend Christoph Wieland (1733-1813) verbreidde deze term verder. De voorstelling van bos- en weidefeeën zoals ze voorkomen in romantische dichtwerken is bij

Donkeralven mijden het licht; zij zijn 's nachts actief. Zodra de zon opkomt, trekken zij zich terug in donkere grotten, holen en rotsspleten.

ons tot op de dag van vandaag overgeleverd.

Tussen hemel en aarde

Voor de Europese plattelandsbevolking speelde het elfenvolkje ooit een belangrijke rol. Elfen gaven raad, waarschuwden voor gevaren en hielpen bij het dagelijks leven. Zij hielden van mensen die nauw met de natuur verbonden waren, zoals boeren, herders, vissers, boswachters of kruidenvrouwtjes.
Terwijl het volk hoge achting voor de elfen had, heeft de kerk het kleine volkje al vroeg gedemoniseerd, letterlijk 'des duivels' verklaard, wat inhoudt dat zij met de duivel werden geassocieerd. Deze opvatting over elfen of alven is nog zichtbaar in het Duitse woord Alptraum, dat nachtmerrie betekent.

Zachtjes als een elf
sluipt zij in zijn gebouw:
'Dat God mij helpe –
Ik ben van jou.'

FRANK WEDEKIND (1864-1918)
Uit: Die vier Jahreszeiten
(De vier jaargetijden)

Zowel in Schotse en Ierse sprookjes als in Germaanse en Keltische sagen komen elfen voor. Meestal worden zij beschreven als vrouwelijke, feeachtige natuurgeesten die bloemen en andere planten beschermen. De elfen zijn altijd in het bezit van bovennatuurlijke krachten en zien eruit als tere, glinsterende wezens met een zilverige of gouden glans. De meeste elfen geven er de voorkeur aan om onzichtbaar te blijven. In sprookjes dragen zij een kap die hen onzichtbaar maakt.

Lichte en donkere elfen

Elfen zijn van nature vrolijk en uitgelaten en de mens welgezind. Alleen wanneer men ze uitdaagt en ergert, kunnen zij onaangenaam worden en hun elfenpijlen afschieten. Maar nooit zullen zij mensen grote schade toebrengen. Zij plagen hen veeleer door kleine grapjes uit te halen. Het Engelse woord elfish wijst hierop, want het betekent 'plagerig'. In tegenstelling tot de lichtelfen verlaten de lichtschuwe donkerelfen hun woonplaatsen alleen 's nachts. Zij huizen onder de grond en houden van donkere plaatsen zoals kelders, zolders en schuren. Vandaar dat het weleens voorkomt dat hun aanwezigheid de huisbewoners aan het schrikken maakt.
Lichtelfen koesteren zich juist graag in de zonneschijn. Zij zijn dol op muziek en dansen. Aangezien zij voortdurend in de weer zijn om de natuur te beschermen, moeten zij zich af en toe opladen met nieuwe energie. Zij doen dit door 's nachts bij volle maan of bij zonsondergang bij elkaar te komen en op grasvlakten en open plekken in het bos samen te gaan dansen. Elfen zijn overal in de natuur te vinden. Al zijn zij niet onsterfelijk, zij hebben wel een heel lang leven. Elfen en feeën leven in het 'land van de eeuwige jeugd'.

De tere elfen zijn zo klein dat zij in bloemen kunnen wonen. Alleen echte geluksvogels krijgen hen te zien.

Elfen houden van feesten. Waar zij dansen, wordt volgens de sage het gras groener en malser (schilderij van William Blake, circa 1785).

Vrouwelijke elfen zijn bovenaards mooie wezens, omgeven door een lieflijke geur. Zij hebben een grote aantrekkingskracht op mannen. Er bestaan verhalen waarin elfen met jonge mannen trouwen en met hen elfenkinderen krijgen.

Uit de hemel gevallen?

Over de herkomst van elfen doen verscheidene theorieën de ronde. Oorspronkelijk dacht men dat de zielen van overledenen in de lucht verder leven en zich na een lange pauze in de natuurkrachten openbaren. Dat betekent dus dat mensen

Elfen blijven meestal onzichtbaar. Als zij zich materialiseren, zijn zij omgeven door een zilverachtig schijnsel (Richard Doyle, negentiende eeuw).

na hun overlijden in feeën en elfen veranderen. Dat is nog een reden om natuurgeesten te respecteren en ze vooral liefdevol te benaderen.
In de Middeleeuwen vermoedde men dat feeën en elfen engelen waren die uit het hemelrijk waren verstoten en niet hoefden af te dalen naar de hel, maar 'alleen maar' naar het aardse natuurrijk. Dit geloof be-

> *Vreugdeloos was*
> *de grote wereldenmeester,*
> *voelde gemis – daarom schiep hij*
> *de geesten,*
> *heilige spiegel van zijn zaligheid!*
>
> FRIEDRICH VON SCHILLER
> (1759-1805)

helst een zekere mate van onderwaardering van de aarde en de natuurgeesten, die vóór de verbreiding van het christendom nog als heilig werden vereerd. Volgens het middeleeuwse geloof drukt de zang van de elfen het verlangen naar verlossing uit. Opvallend genoeg hadden de Perzen een soortgelijke zienswijze: volgens hen waren de peris – mooie, sierlijke geestwezens die lijken op onze elfen en feeën – bovenaardse wezens die 'uit de hemel waren gevallen' zonder naar de hel te gaan.

Het begin van de wereld

Er bestaan andere theorieën die ervan uitgaan dat de natuurwezens samen met de aarde werden geschapen en dus vele malen ouder zijn dan de mensheid. Toch zijn de elfen in hoge mate in mensen geïnteresseerd. Alleen indien zij in contact staan met een menselijke ziel, kunnen zij zich ontwikkelen en groeien. Wie zich openstelt voor de onzichtbare werelden, dient dus niet alleen zijn eigen ontwikkeling, maar ook die van de geestwezens.
Er zijn nog meer opvattingen over het ontstaan van elfen en feeën. Bijvoorbeeld het idee van Von Schiller: hij ging ervan uit dat God zich eenzaam voelde en daarom de geesten schiep.

Elfengebruiken

Oude tradities laten zien dat de mensen vroeger de natuurgeesten met respect benaderden. Toen wist men wel dat elfen behoorlijk onaangenaam kunnen worden en zich als echte plaaggeesten kunnen ontpoppen wanneer men ze verwaarloost. Soms werd om deze reden het vee

Al sinds de oudste tijden bestaan er natuurgeesten. Ook al wordt de natuur steeds meer geweld aangedaan, zij beschermen de natuur nog steeds.

ziek. Daarom was het gebruikelijk om een deel van de vruchten van het veld of de graanoogst aan de veld- en korenelfen te laten. Ook strooide men zout en meel voor de elfen of zette melk voor ze neer om ze vriendelijk te stemmen.
In de Middeleeuwen geloofde men dat huiselfen zich graag ophielden in de buurt van kachels. Wanneer een dienstmeisje of boerin met een probleem zat waarover zij met niemand kon praten, ging zij naar de kachel en vertelde het aan de huisgeesten. Sommige van deze oude gebruiken zijn nog steeds in zwang. Zo buigt men in Schotland nog steeds voor een stofwolk, want in de opgewaaide lucht bewegen de elfen zich voort. Ook in Afrika en grote delen van Azië kent men gebruiken om in vrede en harmonie met de huisgeesten te leven. In Thailand heeft de plattelandsbevolking altijd een klein geestenhuisje (saan phra phuum) staan, al is het eigen hutje nog zo armzalig. Zodra de grond wordt be-

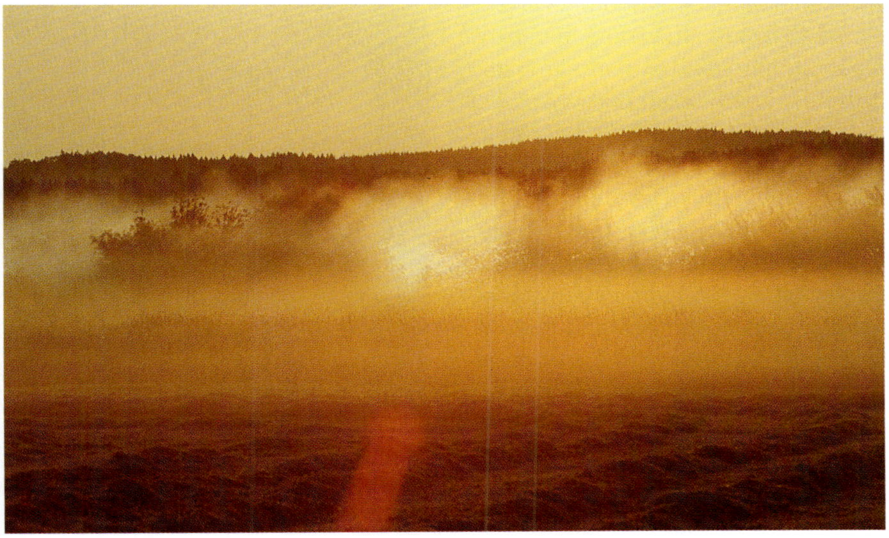

... Oberon is allang tot een legende geworden / alleen gerinkel / als van gouden paardentuig / blijft / als de wind de haverkorrels wrijft (Wilhelm Lehmann).

werkt, zet men een geestenhuisje neer om de aanwezige geesten gunstig te stemmen. Bovendien biedt men de geesten regelmatig offers aan in de vorm van bloemen, fruit en rijst.

Feeën

De naam fee is ontleend aan het Franse 'fée' (=tovenares). Omstreeks de achttiende eeuw dook deze term voor het eerst op in Duitsland. De bron van dit Franse woord kunnen wij vinden in de Latijnse woorden 'fatum' (lot) en 'fata' (lotsgodin). Feeën bezitten de gave het menselijke lot en de toekomst te kunnen zien. Zij kunnen dit ook aan de persoon die het aangaat mededelen. Net als het woord 'elf' wordt het begrip 'fee' meestal gebruikt als een algemene term voor verschillende vooral jonge, bovenmenselijke natuurgeesten. Verder staan deze lichtwezens erom bekend dat ze buitengewoon bekoorlijk en lieftallig zijn. We kunnen er tevens van uitgaan dat feeën goede wezens zijn. Goed en mooi zijn bij uitstek de kwaliteiten die het meest aan feeën worden toegeschreven – ook door dichters.

Jij lieftallige fee, mij trouw gebleven
uit mijn kindertijd,
wat heeft je weg doen zweven,
verdreven,
jij stille hartsblijheid?
Licht droeg jij, als met
wonderhanden,
mij over leed en zorg
en zelfs uit kale rotswanden.
riep bronnen met je toverwoord.
Jij, troostrijkste van allen,
wil nieuw bevleugeld bij mij zijn
en laat jouw glimlach weer vallen
op mijn pad als
vollemaneschijn.

THEODOR FONTANE (1819-1898)
Uit: In Hangen und Bangen

Feeën vertonen zich in allerlei gestalten: bloemen, wolken, muggen, vlinders, vogels of opvallend mooie menselijke wezens.

'Geesten zijn mooi gevormd voor een mooi doel', zei William Shakespeare.

Een bevallige gestalte

Feeën kunnen allerlei verschijningsvormen aannemen. Zij vertonen zich graag in de gedaante van bloesems, golven, waterlelies en wolken. Maar zij kunnen zich ook voordoen als een vlinder, een vogel en een menselijke gestalte. Meestal passen zij zich als een kameleon aan hun omgeving aan. Er bestaan afbeeldingen van feeën als aardgeesten met een paddestoelenhoed, nixen met vissenstaarten en bloemenfeeën wier gezicht zichtbaar is in de bloemkelk. Uit die vormenrijkdom blijkt wel hoe flexibel deze natuurgeesten zich kunnen aanpassen aan hun natuurlijke omgeving. Feeën kunnen een tranceachtige bewustzijnstoestand teweegbrengen – de persoon die erdoor getroffen wordt, heeft dan het gevoel dat de tijd is blijven stilstaan tijdens zijn oponthoud in de natuur. Net als elfen zijn feeën zeer dankbaar wanneer men met respect, zorgzaam en attent met de natuur omgaat en zij belonen dit weleens met een reeks van gelukkige toevallen. Ook feeën hebben een lang leven, maar zij zijn niet onsterfelijk – zoals gezegd: de begrippen 'feeën' en 'elfen' zijn inwisselbaar.
Feeën hebben de naam spirituele gidsen te zijn die een verdwaalde op het juiste pad kunnen helpen. Zij worden nogal eens afgebeeld met een toverstaf. De gunstelingen van de feeën worden gezegend met positieve karaktereigenschappen zoals moed, vertrouwen, helderheid en schoonheid. In de Middeleeuwen zijn in veel Duitse, Franse, Engelse en Italiaanse sagen feeën beschreven. Zij komen ook voor in de sage van koning Arthur, in de Amadisromans en in talrijke sprookjes. Ook dichters en schrijvers werden door feeën geïnspireerd.

Helpen en helen

Soms wordt voor feeën gewaarschuwd. In Britse sprookjes wordt beweerd dat het gevaarlijk kan zijn de naam van een fee in haar aanwezigheid uit te spreken. Er is echter niets bekend over daadwerkelijke ervaringen die erop zouden wijzen dat het uitspreken van een feeënnaam gevaarlijk kan zijn. Integendeel, helderzienden krijgen vaak juist de

Lichtwezens zoals feeën en elfen hebben een zilveren of gouden glans en meestal stralen zij een zachte schittering uit.

Ongewone hemelverschijnselen zoals het noorderlicht doen de aanwezigheid van lichtwezens vermoeden.

naam van hun persoonlijke beschermfee te horen. Door deze feeënnaam zachtjes uit te spreken en een paar keer te herhalen, is het mogelijk positieve krachten op te roepen. Ook helpen feeën mensen die zich in een moeilijke levensfase bevinden, door helende energieën over te dragen. Zij waken over moeder en kind tijdens de zwangerschap en bevalling.

Op grauwe, regennatte zomerdagen
als de grenzen van lucht en water vervagen
en zonder trilling slaapt de zee,
dan staat op ons grijze strand,
het wonder uit het oosters land,
Morgane, de geroepen fee…

THEODOR STORM (1817-1888)
Uit: Morgane

Bij afwezigheid van de moeder sturen zij hun beschermende feeënmagie naar de kinderen en soms verschijnen zij ook in hun dromen.
Iedere regio heeft een eigen manier om uitdrukking te geven aan het feeëngeloof. Volgens een oud Frans gebruik wordt in het Juragebergte nog steeds tante Arie vereerd. Deze fee zegent de oogst en beschermt het graan tegen vorst en stormen. Volgens andere Franse sagen verschijnt zij op boerenfeesten, beloont de maaisters en geeft fruit aan de kinderen. Met Kerstmis deelt zij gebak en noten uit.
In het Franse volksgeloof leeft bovendien het idee dat de feeën op zaterdagen van hun macht beroofd zijn. Op die dag verbergen zij zich door verscheidene vormen aan te nemen. Ze verstoppen zich bijvoorbeeld in bomen, in paarden en zelfs in meubels en kledingstukken, die dan 'door de feeën bezeten' zijn.

De doodsfee

De doodsfee (Engels: banshee) neemt een bijzondere plaats in de Iers-Keltische mythologie in.
Zij staat in nauw contact met de onderwereld. De doodsfeeën kondigen met hun geweeklaag de aankomende dood van iemand aan.
De koningin van de doodsfeeën wordt Áine genoemd. Zij begeleidt de overledenen op hun reis naar de onderwereld. Deze voorstelling toont grote overeenkomst met de functie van de doodsengel, die ook de ziel naar het hiernamaals begeleidt.
Interessant is dat de doodsfeeën nog een andere taak hebben: zij beschermen het ongeboren leven. De doodsfeeën begeleiden en beschermen de mens dus zowel bij het betreden als bij het verlaten van deze wereld. Nog maar honderd jaar geleden dacht men dat de doodsfeeën in huizen vertoeven waar iemand op sterven ligt. Zij wachtten op een geschikt moment om met de stervende te praten en hem zachtjes voor te bereiden op de dood. Alleen ongeneeslijk zieken konden de zang van de doodsfee horen en deze erkennen als een teken van verlossing.

In India vereert men de deva's, gevleugelde wezens die mens en natuur beschermen tegen demonen (Indiaas tempelschilderij).

Deva's en asura's

In sommige esoterische kringen gebruikt men liever de term deva's dan feeën en elfen. Het woord komt uit het Sanskriet en betekent 'hemelwezen', 'hemelgeest' of gewoon 'geest'. Deva's worden vaak omschreven als gevleugelde wezens en ook wel gelijkgesteld aan engelen. Oorspronkelijk werden eerder natuurgeesten bedoeld zijn dan engelen. Deze wetenschap is te vinden in de bron-

nen waarin deva's voor het eerst worden vermeld, namelijk de Indiase veda's. In de veda's, de oudste religieuze geschriften uit India, worden verscheidene godheden en demonen beschreven.
Deva's – er zouden er 33 bestaan – zijn de mens goed gezind. Zij heersen over de werelden van de hemel, de lucht en de aarde. Hun opbouwende, scheppende energieën beschermen de natuur en staan tegenover de vernietigende, chaos brengende krachten van de asura's, de boze demonen. In de theosofie vormen de deva's een hiërarchie van geesten die deels tot de astrale en deels tot de hogere geestelijke werelden behoren.

Findhorn – een wondertuin

Het begrip deva werd bij ons pas echt bekend door de in de jaren zestig van de vorige eeuw gestichte Findhorngemeenschap. Findhorn is een spirituele groepering die in het leven is geroepen op een verlaten camping in het noordoosten van Schotland. Op de schrale grond verbouwden de stichters Peter en Eileen Caddy groenten en andere gewassen. Findhorn is uitgegroeid tot een enorme tuin die aan tweehonderd mensen voedsel verschaft, wat zeer verbazingwekkend is, want uitgaande van het klimaat en de buitengewoon ongunstige bodemgesteldheid zou er volgens deskundigen helemaal niets kunnen groeien! De leden van de Findhorn Foundation weten dat de energieën van de deva's verantwoordelijk zijn voor deze indrukwekkende plantengroei. Zij houden het contact met de natuurgeesten in stand door regelmatig rondedansen en rituelen uit te voeren. Sommige bewoners van Findhorn krijgen adviezen uit het rijk van de deva's en zij bewerken de tuin aan de hand van deze raadgevingen.

De geesten van Tibet

In Tibet hebben sjamanen gezangen om de deva's gunstig te stemmen. Volgens de Tibetaanse opvattingen zijn de deva's vrouwelijke natuurgeesten die de aarde beschermen. Deze voorstelling lijkt sterk op ons beeld van feeën en elfen.

Natuurgeesten uit de Griekse mythologie

De goden uit de Griekse mythologie hadden een wezenlijke invloed op het Europese volksgeloof. De Griekse mythologie levert allerlei verklaringen die het feeën- en elfenrijk makkelijker te begrijpen maken voor ons. Dat begint al bij het Oudgriekse idee over het ontstaan van de aarde. De dichter Hesiodus (ca. 700 v.Chr.) beschreef in zijn werk Prometheus de oorspronkelijke toestand van de aarde. Het episch werk van Hesiodus is een belangrijke bron van de Griekse mythologie. De Griekse goden worden beschreven als geweldige, verheven natuurmachten. De mensen uit de oude tijd stonden nog dicht bij de goden en zij voelden zich nauw verbonden met de geestwezens van de natuur.
In het kader over De mensengeslachten op blz. 23 staat nog een andere manier om naar de ontstaans-

Zachtjes fluit hij / Het klinkt alsof tussen vers mos / Over kiezelstenen, gladde, grote / Een heldere bron ontspringt (uit: Pans vlucht, O.J. Bierbaum; schilderij: Pan in het riet van Arnold Böcklin).

> *In oeroude tijden, toen Kronos nog de wereld regeerde, leefden goden en mensen, die afstamden van moeder Aarde die alles had voortgebracht, in vertrouwelijke omgang met elkaar, zich nauwelijks bewust van hun onderlinge verschillen.*
>
> HESIODUS
> (achtste eeuw v.Chr.)
> uit: Prometheus

Volgens de sagen zijn elfen zo teer dat een dauwdruppel weliswaar gaat trillen als zij eroverheen lopen, maar niet uit elkaar spat.

geschiedenis van de natuurgeesten te kijken.
Volgens deze geschiedenis stammen zij uit het gouden tijdperk van de wereld. Zij werken als bovenaardse beschermgoden tot het welzijn van de mensheid. Zij 'wandelen, gehuld in nevelen' over de aarde, zijn dus nog steeds met de aarde verbonden

In de oude tijd, toen Kronos nog wereldheerser was, leefde het gouden mensengeslacht. Net als de goden leefden zij in zaligheid, vrij van zorgen en lasten. De gebreken van de ouderdom waren hun onbekend. Vervuld van kracht en vrij van euvel genoten zij van onbezorgde feesten. Zij stierven pas op hoge leeftijd in hun slaap. Tijdens hun leven leden zij geen gebrek. De voedende aarde schonk hun vrijwillig van haar overvloed. Vele kuddes weidden op haar grond. De mensen verrichten hun dagelijks werk in vrede en geluk. De zalige goden waren hun goed gezind en gingen vertrouwelijk met de mensen om. Toen dit mensengeslacht de aarde verliet, veranderden zij in goede, bovenaardse geesten, beschermgoden voor de stervelingen. Als in nevelen gehuld wandelen zij over de aarde...en brengen de mensen rijkdom en zegen...

HESIODUS
(achtste eeuw v.Chr.)
uit: De mensengeslachten

en moeten niet met engelen worden verward.
Het zou te ver voeren hier dieper in te gaan op de talloze godheden en natuurgeesten uit de Griekse mythologie; daarom volgt hier alleen een kort overzicht van elementen hieruit die verband houden met elfen, feeën en de elementen van de natuur.

Nimfen en saters

De nimfen (Grieks: nymphe = bruid, jonge vrouw) uit de Griekse mythologie lijken erg op onze elfen. Er waren boom-, zee-, berg-, rivier- en beeknimfen.
De nimfen uit de Romeinse en Griekse mythologie werden veelvuldig omschreven als natuurgeesten of lagere natuurgodheden. Zij leefden vooral in rivieren, zeeën, beken en bronnen. Maar nimfen bewonen de gehele natuur, dus ook bossen, weiden en bergen.
De 'Griekse feeën' werden meestal beschreven als mooie, bekoorlijke meisjes, die bijna altijd in groepen leven. Nimfen houden van dansen, muziek, zinnelijkheid en de liefde. Niet zelden beginnen zij een liefdesavontuur met goden, maar ook met mensen. Uit deze relaties komen talrijke kinderen voort. Dit lijkt sterk op het Noord-Europese volksgeloof, waarin elfen weleens trouwen met jongemannen en elfenkinderen krijgen (blz. 18). De nimfen representeren net als feeën en elfen de elementen en de uitdrukkingsvormen van de natuur, die zij beschermen en helen.

De god Pan vervaardigde zijn fluit uit het riet, waarin de nimf Syrinx was betoverd (schilderij van Franz von Stuck, 1914).

De nereïden

De vijftig mooie dochters van Nereus en Doris zijn allen waternimfen. Zij leven op de bodem van de (Middellandse) zee in een prachtig paleis. Zij rijden op dolfijnen en andere zeedieren en komen telkens naar de oppervlakte om zeelui bij te staan. De beroemdste nereïde is Amphitrite, de echtgenote van de zeegod Poseidon, tevens moeder van de Griekse held Achilles. De nereïden bekommeren zich om de zee en haar bewoners.

De nereïden wonen in een prachtig paleis op de zeebodem en duiken af en toe op uit de golven.

Uitgelaten spelen de watergeesten in de golven. Arnold Böcklin vereeuwigde dit vreugdevolle 'Spel van de najaden' op doek.

Najaden

De wonderschone rivier-, beek- en bronnimfen beschermen de bronnen en de zoetwaterstromen en beheersen de stromingen van het water. Tegenover de mensen zijn de najaden vriendelijk en voorkomend. Zij zijn in het bezit van helende krachten, verlenen vruchtbaarheid en hebben de gave van de voorspelling.

'... Wat op ons in de buitenwereld als vast, aards overkomt is van dien aard dat de geest ermee verbonden is, en wel een geest die een bijzondere neiging bezit naar veelheid. De veelheid van deze geest is zo groot dat ze voor ons onmeetbaar is. Overal waar wij op het vaste kijken vinden wij ook het geestelijke, indien we op de juiste manier kijken, in een grote verscheidenheid van zijnsvormen. Een oude, instinctieve wijsheid sprak van gnomen en dergelijke...'

RUDOLF STEINER (1861-1925)
Uit: Das Sonnenmysterium und das Mysterium von Tod und Auferstehung

Dryaden

Deze bosnimfen worden omschreven als mooie jonge meisjes. Zij gaan in het wit of groen gekleed. Zij beschermen de bomen en als de boom sterft sterven zij met hem. Zij houden van het bos, van dansen en van zingen.

Oreaden

Oreaden zijn de nimfen van de grotten en de bergen (Grieks: oros = berg, gebergte). De beroemdste oreade was Echo, de nimf van de berg Helicon. De godin Hera ergerde zich aan haar onophoudelijk gekwebbel en beroofde haar van het spraakvermogen – uitgezonderd de woorden die het laatst tot haar gericht waren, deze herhaalde Echo. Uit schaamte over het verlies van haar spraak verborg zij zich in de bossen. Oreaden houden zich schuil in grotten en representeren de elementen lucht en aarde.

Saters – wellustige gezellen

Behalve vrouwelijke natuurgeesten kent de Griekse mythologie natuurlijk ook mannelijke. De belangrijkste zijn de saters, levenslustige bos- en berggeesten. De sater wordt afgebeeld met horens, een staart en bokkenpoten. Saters houden van wijn, daarom treden zij dikwijls op als begeleiders van de wijngod Dionysus. De saters bespelen een fluit, de syrinx, en de doedelzak; zij dansen en vieren feest.

Deze natuurgeesten, afgebeeld als half mens half dier, symboliseren dan ook het wellustige, onbeheersbare van de natuur. Wie zich voor de enorme energieën van deze natuurgeesten openstelt, moet oppassen dat hij niet uit balans raakt: de natuurmachten hebben beide mogelijkheden in zich – een positief, zinnelijk en vreugdevol levensbeeld, maar ook een instelling die bepaald wordt door de aandrift, wellust en excessen van het leven.

Bij het werken met natuurgeesten dienen het denken en voelen continu op de lichte, helende krachten gericht te zijn. Deze natuurgoden uit de Griekse mythologie vormen geen geschikte meditatieobjecten. Om met de natuurgeesten in contact te treden is het verstandiger zich te

Pan met zijn bokkenpoten en de saters uit de oude mythologie symboliseren de natuurkrachten ('Sater en nimf' van Arnold Böcklin).

DE VIER ELEMENTEN IN DE ASTROLOGIE

Ook bij het duiden van de sterren spelen de vier elementen een belangrijke rol. Bij ieder element horen drie sterrenbeelden. De vier elementen zijn van groot belang bij de horoscoopuitleg. De astrologie onderscheidt aarde-, lucht-, vuur- en watertekens.

ELEMENT	STERRENBEELD
Vuur	Ram, Leeuw, Boogschutter
Aarde	Stier, Maagd, Steenbok
Lucht	Tweeling, Weegschaal, Waterman
Water	Kreeft, Schorpioen, Vissen

concentreren op de elementalen, die zich hiervoor beter lenen.

Elementalen

Elementalen zijn natuurgeesten die werken op het vlak van de vier elementen aarde, water, vuur en lucht. In oude culturen werden de vier basiselementen van het leven als heilig en magisch ervaren en ook als zodanig vereerd. De Soemeriërs, die al vroeg een eigen schrift bezaten, kenden al schrifttekens voor de vier elementen. In de christelijke traditie vinden wij de leer van de vier elementen weergegeven in de vier engelen van de Apocalyps.
De elementalen treden in de volksverhalen op als gepersonifieerde verschijningen. Op een mysterieuze wijze voeden zij aarde, water, vuur en lucht. Zij manifesteren zich in uiteenlopende gedaanten.
Wie zich met de elementalen bezighoudt, is de diepste geheimen van het leven op het spoor. Vuur, lucht, water en aarde zijn levend en vergeestelijkt. Alleen wie deze dingen 'op de juiste manier beschouwt', kan ze ook bevatten. Een meditatief bewustzijn is een voorwaarde om contact te maken met de elementalen. Door spirituele oefeningen kunt u zich verbinden met de energieën van de elementalen.
Paracelsus (1493-1541) – heden ten dage nog steeds gezien als 'vader van de geneeskunde' – onderzocht tijdens zijn leven de geneeskrachten van de natuur. Hij deelde de natuurgeesten in naar de vier elementen: de aardgeesten noemde hij gnomen, de watergeesten nimfen of undinen, de luchtgeesten sylfen en de vuurgeesten salamanders of vulkanen. Ook Goethe noemde de geesten van de vier elementen.

Faust: Om te ontmoeten het dier,
benodig ik de spreuk van vier:
salamander moet gloeien,
undine zich draaien,
sylfe verdwijnen,
kobold zich vermoeien.
Wie ze niet kent
de vier element',
hun kracht
en eigenschap,
was geen meester
over de geesten.

JOHANN WOLFGANG VON GOETHE (1749-1832)
uit: Faust I

De geesten van de aarde

Om de geesten van de elementen, hun kracht en eigenschappen wat beter te leren kennen stel ik u in het kort de geestelijke bewoners van aarde, water, lucht en vuur voor. De geesten van de aarde zijn dwergen, kobolden, gnomen, kabouters, aardmannetjes, heuvelfeeën, holenelfen, leprechaunes, trollen en donkerelfen.

Goden van het element aarde

De Griekse goden en mythologische figuren Gaia, Demeter, Pan, de Gratiën, de muzen, Dionysus, alsmede Bacchus, Ceres en Hades uit de Romeinse mythologie representeren de aarde. Mawu is een Afrikaanse aardgeest.

De geesten die horen bij het element aarde leven in grotten en rotsspleten, maar ook in de kelders van huizen.

Waar leven de aardgeesten?

De elementalen van de aarde bevinden zich altijd zo dicht mogelijk bij de aarde, want zij zijn innig met haar verbonden. Zij wonen in het aardrijk, in rotsspleten en holen. Zij bewaken goud en andere schatten van de bergen. Aardgeesten zijn het levende aspect van het aardrijk, de stenen, edelstenen en mineralen. Soms vinden wij ze ook in de buurt van mensen, waar zij in donkere hoekjes wonen binnenshuis of buiten; het liefst verblijven zij dan in de kelder of op een donkere zolder.

Hoe zien aardgeesten eruit?

In sprookjes en sagen worden aardgeesten beschreven als kleine wezentjes. Soms worden zij met kinderen vergeleken, maar meestal met kleine mannetjes. Dwergen hebben vaak een witte baard en hun haar is lang of zij zijn kaal. Hun ogen zijn opvallend groot. Meestal zien zij er stokoud uit, dragen lange mantels en een soort pijen of werkkielen. Aardgeesten passen zich aan hun omgeving aan, vandaar dat zij overwegend worden beschreven als aardekleurige wezens die een bijzondere glans uitstralen. Af en toe komen aardgeesten ook voor in de vorm van een dier. Minder vaak is er sprake van vrouwelijke aardgeesten, bijvoorbeeld de heuvelfeeën of de aardelfen. In tegenstelling tot gnomen en kobolden zien de vrouwelijke aardgeesten er tamelijk aantrekkelijk uit – zij worden beschreven als feeën die kransen in het haar dragen.

Eigenschappen van de aardgeesten

Aardgeesten hebben de naam goedmoedig en mensenschuw te zijn. Zij zijn uitermate vlijtig en bezitten een grote kennis van geneeskundige planten. Vaak helpen dwergen en gnomen de mens bij zijn werk: vooral op plaatsen waar ambachtelijk werk wordt verricht, zorgen hun energieën voor een gemakkelijk verloop van de werkzaamheden. Kobolden, dwergen en gnomen horen bij een zeer oud ras. Naar verluidt zijn ze zo oud als de aarde zelf. In de regel zullen aardgeesten hun verblijfplaats geen schade toebrengen, maar als men ze slecht behandelt, kunnen zij in een enkel geval huizen beschadigen, maar ook dieren of mensen iets aandoen.

Dwergen en andere aardgeesten hebben dikwijls een bizar, wanstaltig uiterlijk. Zij beschikken over een enorme lichamelijke kracht.

De aardgeesten werken met de structuur van de aarde. De genezende krachten van edelstenen zijn te danken aan het werk van de aardgeesten. De natuurgeesten van de aarde hebben een beslissende macht over de vorm van de aarde en haar bewoners, zij beïnvloeden elke vorm van materie.

Bekoorlijk en schalks
zijn nixen en elfen;
zo niet de aardgeesten,
zij dienen en helpen
trouwhartig de mens.
Ik hield het meest
van hen, die men
kabouters heet.
Zij dragen rode jasjes,
bollend en lang,
hun gezicht ziet eerlijk,
doch waakzaam en bang.

HEINRICH HEINE (1797-1856)
Uit: Waldeinsamkeit

Het geheim van de aardgeesten

Aardgeesten verbinden ons met de kracht van de aarde. De aarde representeert kwaliteiten als vrouwelijkheid, vastheid, geborgenheid, stabiliteit, vertrouwen en lichamelijkheid. Over heel de wereld is de aarde altijd geassocieerd met de kracht van het vrouwelijke. Moeder Aarde voedt en houdt het leven in stand. Uit haar schoot worden de levende wezens geboren en zij keren in haar schoot terug wanneer hun tijd gekomen is. De aarde is de wortel van de mens, het uitgangspunt van zijn lichamelijk bestaan op zijn thuisplaneet: het woord homo (Latijn: mens) is nauw verwant met het woord humus (Latijn: aarde). De scheppingsmythen noemen aarde, klei en leem als het materiaal waaruit de mens werd geschapen. Als de mens overlijdt, neemt de aarde hem weer op. Dit wordt duidelijk gemaakt door het ritueel van de 'teraardebestelling'.

Het contact met aardgeesten geeft ons enorme levensenergieën. Levenskracht en vruchtbaarheid zijn belangrijke aspecten, die de aardgeesten overbrengen. Alleen wat op 'vruchtbare bodem' valt, kan zich ontwikkelen. De vruchten van de aarde zijn het voedsel voor de mens. Het dankfeest voor de oogst getuigt van de magisch-persoonlijke relatie van de aardbewoners met moeder Aarde en van de wetenschap dat het

Dwergen en gnomen

De geesten van de aarde heten in de meeste vertellingen dwergen, gnomen en kabouters.

- *Sneeuwwitje en de zeven dwergen* van de gebroeders Grimm is waarschijnlijk wel het beroemdste dwergensprookje. Al vroeg komen aardgeesten in sagen voor die over verborgen schatten gaan. De dwergen komen overeen met de donkeralven uit de Keltische mythologie; in hun holen bouwen zij dikwijls prachtige paleizen van edelstenen. Zij verlaten hun woning alleen 's nachts.
- De voorstelling over de dwergen wortelt in het heidens dodengeloof. Sagen waarin dwergen voorkomen spelen zich dan ook vaak af op begraafplaatsen. In de Germaanse epiek, in het lied van de Nibelungen, de Orendel en de Dietrichsage worden dwergen vaak gelijkgesteld met andere mythische figuren zoals kobolden en demonen.
- *Kobold* is de oorspronkelijke benaming voor plaagzieke huisgeesten. Later beschreef men kobolden als huisgeesten die een heleboel kattenkwaad uitspookten. In Noord-Duitsland bestaat nog steeds de uitdrukking 'een kobold schieten' (een salto maken). Dit wijst op het schalkse en drukke bewegen van de kobolden.

de gaven van de aarde zijn die ons in leven houden.
Het bezig zijn met de geestwezens op het aardeniveau draagt nog meer kwaliteiten over, bijvoorbeeld stabiliteit en geborgenheid. 'De aarde is duurzaam en vast', zeggen de Chinese taoïsten. Hoewel de aarde soms ook kan beven, overweegt haar dragende kwaliteit. Op de aarde kan men bouwen. En wie 'met beide benen op de grond staat', raakt niet gauw uit balans.
Hoe nauwer ons contact met de in de aarde werkende geestwezens is, des te makkelijker ontwikkelen wij vitaliteit, vertrouwen en geborgenheid. De nabijheid van de aarde geeft ons kracht en stabiliteit. Onrust en angsten waar wij aan lijden, kunnen hierdoor worden opgelost. Wie de aarde voelt, voelt zijn lichaam. Allebei hebben ze een vorm en vastheid. Wie zijn lichaam voelt, heeft een vaste tred. Wie een vaste tred heeft, kan gemakkelijker zijn weg te gaan en obstakels overwinnen.

Helende aardkrachten

De duurzaamheid en vastheid van de aarde heeft ook een helende werking. Indiaanse sjamanen kenden de deze genezende kracht van de aarde. Zij legden zieken en bezetenen met de navel op de aarde om de harmoniserende aardkrachten op te nemen. Maar ook in vele delen van Europa was het in de Middeleeuwen gebruikelijk zieken direct op de aarde te leggen om de genezing te bevorderen.
Het geloof aan de genezende kracht van de aardgeesten was groot. Een voorbeeld: men begroef medicijnen een tijdje in de grond voordat men ze aan de zieke gaf. Naar men zei waren geneesmiddelen die enige tijd in de grond hebben gelegen extra geneeskrachtig.
Voorts was men ervan overtuigd dat mensen die in grotten en kelders verbleven door de macht van de aardgeesten tegen magie beschermd waren.
De Kelten beschouwden holen en grotten als de ingang tot de schoot van moeder Aarde. Om de aardgeesten gunstig te stemmen offerde men aan hen meestal graan, brood of zout door het op de aarde te strooien.

De geesten van het water

In verhalen uit lang vervlogen tijden heten de watergeesten nixen, waterfeeën, undinen of watervrouwen. Ook kunnen wij lezen over watermannen of watergeesten, rivierelfen, meerminnen en zeemeerminnen, waternimfen, asrai, selkies of witte wieren.

Het element water is het domein van de lieftallige nixen en waterfeeën. Zij beschermen en zuiveren beken, rivieren, meren en oceanen.

Goden van het element water

De belangrijkste goden en nimfen van de oude Grieken die het water representeren zijn Aphrodite, Poseidon – door de Romeinen Neptunus genoemd –, Oceanos, de danaïden, najaden, nereïden en oceaniden. Uit Babylon kennen wij Ea. Apsara en Waruna worden in India geëerd. Ook de uit het noorden afkomstige Aegir of Honir is een zeegod.

Waar leven de watergeesten?

De elementalen van het water leven met name in rivieren, beken, meren en bronnen. Zij werken ook in de zee, in moerassen en op alle plaatsen waar zich natuurlijke waterbronnen bevinden. Zelfs in de regen, in watervallen, op de golven van de zee, in de kolken en stromingen van de rivieren leven de watermannen, waternimfen en nixen. De elfen van

De zee met haar kleurrijke vissen, koralen en algen werkt op onze verbeeldingskracht. Op de bodem bevinden zich de paleizen van de watergeesten.

de meren en vijvers zijn graag in de buurt van waterlelies en andere waterplanten. Zelfs een eenvoudige waterplas wordt bewoond door kleine feeën, de asrai.

Ik zat bij de beek,
toen doken en sprongen
uit het water, met hun lange
zilveren sluier en wapperend haar,
de waterbacchanten,
de nixenschaar.
Zij tokkelen op de citer,
viool spelen zij,
dat was de prachtige nixenrei ...

HEINRICH HEINE (1797-1856)
Uit: Waldeinsamkeit

Hoe zien watergeesten eruit?

Watergeesten kunnen zich in allerlei vormen voordoen. Hun gedaante is vaak half menselijk, half dierlijk. Waternimfen dragen waterplanten in het haar. Zij hebben stralend blauwe ogen en zijn altijd nat. Ook als zij aan land gaan, is de zoom van hun kleed vochtig en zij laten natte voetstappen achter. Gevoelige mensen zien ze doorgaans als blauwe of groene stralende wezens.

Er bestaan veel meer vrouwelijke dan mannelijke watergeesten. Geen wonder, water is immers een vrouwelijk element. Indien de zeemeerminnen, nixen, undinen of selkies in menselijke gestalte verschijnen, zijn zij buitengewoon mooi en gracieus. Soms verschijnen watergeesten ook in de vorm van een dier. Ze kunnen zich veranderen in bijzondere vissen of waterschildpadden. Zeewaterfeeën veranderen zich weleens in dolfijnen en ze rijden zelfs op deze dieren.
De feeën en elfen van het water kunnen zo klein zijn als een dauwdruppeltje, maar zij kunnen zich ook over het gehele wateroppervlak uitbreiden. De zoetwaternimfen die bekendstaan als nixen, worden meestal afgebeeld met een menselijk bovenlichaam en een vissenstaart. Dit symboliseert de essentie van veel natuurgeesten, die weliswaar met een been in de menselijke sfeer staan, maar ook verbonden zijn met de natuur en de dierlijke sfeer.

Eigenschappen van watergeesten

Waterfeeën worden in de regel beschreven als goedmoedig, vriendelijk en zachtaardig. Hun belangrijkste taak is de bescherming van de wateren. Zij passen hun reinigend vermogen met name toe op plaatsen waar natuurlijke waterbronnen zijn. Als hoeders van het water letten zij ook op de waterdieren en -planten.
Meestal werken watergeesten in grote groepen. Hele scharen watergeesten dartelen in meren, rivieren en oceanen.
Watergeesten verbinden de mens met zijn gevoelens en kunnen soms ook als individuele beschermgeest optreden. Zij kunnen daarentegen ook een gevaar vormen: zeemeerminnen zijn verleidelijke wezens. Hun betoverende zang is menig zeeman die zich de diepte in liet lokken, fataal geworden. Van watermannen is bekend dat zij buitengewoon oud kunnen worden. Vaak zijn zij even oud als het water waarover zij heersen.
De selkies, vrouwelijke watergeesten van de Shetlandeilanden, veranderen weleens in zeehonden. In heldere nachten komen zij in het maanlicht aan land, leggen hun vacht af en veranderen in wonderschone vrouwen. Als een man met liefdesverdriet zijn tranen in de zee laat vallen, trekt hij daarmee de selkies aan, die zich dan met hem verenigen.

'Titania kamt haar gouden haar'. Arthur Rackham liet zich bij het maken van dit beeld inspireren door Shakespeares Midzomernachtsdroom.

Het element water is in beroering – op dit schilderij van Lucy Kemp-Welch uit het jaar 1896 rijzen paarden op uit het kolkende meer.

Waar de beek vrijuit over de met mos begroeide stenen spat, kan men de reinigende en helende krachten van de watergeesten voelen.

Wanneer mensen in sprookjes door watergeesten verleid worden en als gevolg daarvan verdrinken, zit daar een symbolische betekenis achter: wie door een waternimf (die flexibiliteit en verandering representeert) wordt gekust (aangeraakt) en zich met haar verenigt (samensmeltingsritueel), ervaart een diepgaande verandering: het vastgeroeste, blokkerende lost zich op (wordt vloeibaar), het probleem verdwijnt, en tegelijkertijd wordt een hoger bewustzijnsniveau bereikt.

Het geheim van de watergeesten

Wie contact maakt met de watergeesten kan kwaliteiten ontwikkelen die door het element water worden gerepresenteerd: flexibiliteit, souplesse en inschikkelijkheid, levendigheid en 'meegaan met de stroom'. Maar water symboliseert ook gevoelens en emoties, zuivering en verandering. Bovendien staat water voor de vrouwelijke energie, voor sensitiviteit en intuïtie. Water is een zacht element, het kan uitwijken als er een hindernis in de weg staat, het kan zich optimaal aan zijn omgeving aanpassen. Alhoewel het zeer flexibel is, heeft water enorme krachten en kan het zelfs de hardste rotsen doen slijten. Water representeert het emotionele niveau, het gevoelsniveau.

Wanneer iemand een flinke huilbui heeft, 'staan de sluizen open' en hebben we het over 'waterlanders'. Stromend water symboliseert beweging, emoties en verandering. Stilstaand water daarentegen symboliseert helderheid, duidelijkheid en introversie. Niet toevallig luidt het spreekwoord: 'Stille wateren hebben diepe gronden'. Grote kunstenaars en spirituele mensen bezitten veel wateraspecten zoals een overvloed aan ideeën, flexibiliteit en een sterke vrouwelijke intuïtie.

Water is een absolute noodzaak voor het leven. In veel scheppingsmythen wordt het leven uit het water geboren. En het staat vast dat de eerste levensvormen op onze planeet zich ontwikkelden in het water van de oceanen. Als er geen regen valt, als het land geen water krijgt en de rivieren uitdrogen, loopt het leven van planten, mensen en dieren gevaar. Wie 'op water en brood' zit krijgt zijn eerste levensbehoeften binnen. Het element water symboliseert nog een ander belangrijk aspect – de reiniging. Water verfrist, vernieuwt en wast het belastende af. Water staat ook voor zuiverheid en onschuld. 'Ik was mijn handen in onschuld', zei Pilatus na de veroordeling van Jezus. Rituele wassingen spelen een grote rol in het christendom, jodendom, boeddhisme en de islam. Hindoes kennen het bad in de heilige rivier de Ganges, waardoor zij bevrijd worden van zonden en onreinheid. Christenen worden met water gedoopt. Pas door de doop wordt een kind in de christelijke gemeenschap opgenomen. Door dit inwijdingsritueel wordt uitgedrukt dat men aan de kerk toebehoort en tevens dat de zonden zijn weggewassen.

De waternimfen delen de goede gaven van de natuur met gulle hand uit aan de mensen ('Waternimf met hoorn des overvloeds' van A. Böcklin).

De helende kracht van het water

Wateren waarin watergeesten leven, zouden een bijzonder geneeskrachtige werking hebben. De oude Grieken maakten al gebruik van de positieve kracht van het water. Zij pasten wassingen toe om geesten te weren en men waste zijn handen als bescherming tegen demonen. In de Middeleeuwen werd op tal van plaatsen een emmer water bij het bed van een stervende neergezet. Het water was bedoeld voor de ziel om zich te reinigen, alvorens naar het paradijs te vertrekken. In de mythologie werd aan stromend water grote kracht toegekend. Er werd beweerd dat demonen en boze machten een rivier niet konden overste-

Luchtgeesten die ook watereigenschappen hebben, vertonen zich in verschillende wolkenformaties, in nevel en mist.

ken. Water dat opwelt uit de aarde had de reputatie net zo helend en heilig te zijn als de rivieren. Stromend water is het symbool van levendigheid.
De Griekse filosoof Heraclitus wees al op het eeuwig veranderende aspect van het water. Volgens hem was het onmogelijk twee keer in dezelfde rivier te stappen, want het water is voortdurend in beweging. Het verandert op ieder moment, als het leven zelf; daarom is ieder moment dan ook uniek.

De magie van het water

De volkeren uit de oudheid hadden groot ontzag voor het water, want water vormde ook een groot gevaar. Net als nu waren er geregeld grote overstromingen waardoor mensen hun hele hebben en houden of zelfs hun leven verloren. Met name de zee, die enorme, onafzienbaar brede en diepe watermassa, boezemde de mens vrees in. Tegelijk wekte de zee ook een soort oerverlangen op. Sprookjes verhalen van jongemannen die aangelokt werden door de toverkracht van mooie nixen en in de diepten van het water verdronken (zie ook de afbeelding Hylas en de nimfen op blz. 15).

Vooral kinderen lopen gevaar door de lieftallige waternimfen te worden verleid en hun slachtoffer te worden. Dit heeft absoluut niet te maken met kwade wil van de watergeesten, maar wel met de fascinerende aantrekkingskracht van het water, die kinderen nieuwsgierig maakt en hen het water in lokt. In de Middeleeuwen trachtte men de nixen en waternimfen gunstig te stemmen door gouden munten in bronnen of rivieren te werpen als offer aan de watergeest. Vooral kinderen die onder het sterrenbeeld Waterman zijn geboren, zouden gemakkelijk het slachtoffer van de watergeesten worden. Daarom wierpen moeders op weg naar de doop een munt in een rivier of vijver en riepen: 'Hier heb je het jouwe, laat mij het mijne houden.' Watergeesten worden echter alleen bij hoge uitzondering gevaarlijk. Wie hen met gezond verstand en oplettendheid benadert, zal altijd vriendelijk worden ontvangen.

De nixen

Volgens het Noord-Europese volksgeloof worden beken, meren en vijvers bewoond door de mooie, lieftallige nixen.

- Zij houden van dansen en muziek, zijn dartel en zeer speels. Vaak worden deze waterwezens afgebeeld, zonnebadend op een rots of met het bovenlichaam oprijzend uit de golven.
- Slechts zelden is er sprake van mannelijke watergeesten. De nix of neck is een angstaanjagend zeemonster dat eruitziet als een reusachtig zeepaard en schepen de diepte in kan sleuren.
- Maar er zijn ook vriendelijke beschrijvingen van de nix. Dan gaat het om zeer oude watermannen met een lange baard. Ze zijn goedhartig, beschermen de wateren en houden van eenzaamheid.

Er wordt gezegd dat waterfeeën niet alleen helende, maar ook verjongende energieën bezitten. Daarom heeft water ook de naam een bron van jeugd te zijn. De Kelten vereerden al heilige bronnen, die jeugd en geluk beloofden. Het mythologische 'eeuwige leven' was in de Middeleeuwen een geliefd motief op afbeeldingen en thema voor toneelstukken.

De geesten van de lucht

De geesten van de lucht heten stormfeeën, windelfen, sylfen of luchtdeva's. In tegenstelling tot de aarde- en watergeesten komen ze heel weinig voor in sprookjes of mythen.

Goden van het element lucht

Het element lucht wordt door de Griekse goden Hera, Iris, Zeus, de Romeinse godin Juno, de Noord-Europese goden Odin en Frigg, de Egyptische god Noet, de Azteekse god Quetzalcoatl, de Indiase god Indra en de Chinese god Feng Po gerepresenteerd. Ook de Soemerische god Enlil en de Egyptische god Shoe personifiëren het element lucht – volgens de mythologie hadden beiden als taak de aarde van de hemel te scheiden.

Waar leven de luchtgeesten?

Luchtgeesten zijn overal te vinden waar lucht is. Zij houden vooral van hooggelegen plaatsen zoals bergen en bergtoppen en zij openbaren zich ook in de wind. De elementalen van de lucht werken overal, van de kleinste zomerbries tot in de stormachtige herfstwind, in machtige orkanen, windhozen en wolken.

Hoe zien luchtgeesten eruit?

Meestal verbergen luchtgeesten zich heel goed. Ze zijn bijna nooit te zien, want in de regel blijven zij onzichtbaar. Luchtfeeën zijn het beste waar te nemen in de bewegingen van de lucht – in de wind of een

In een zacht briesje, maar ook in een vliegende storm laten de geesten van het element lucht zich zien. Zij paren lichtheid aan een enorme energie.

plotselinge tochtvlaag. Veel sylfen bezitten tevens aspecten van het element water en zij openbaren zich in de meest verschillende wolkenvormen.
Helderzienden beschrijven de luchtgeesten als tere, etherische wezens van een indrukwekkende schoonheid. Zij dragen zilveren, gouden, lichtblauwe of paarse 'kleding'.
Soms lijken ze vleugels te hebben en lijken ze op engelen, soms nemen zij de vorm aan van vlinders of vogels.

In de geur van het lover
in het onweer in de lente
dans jij, sylfe, luchtig kind,
jij nooit geduld'ge
door wolken omhulde
fee in de wind.

RON VAN VALKENBERG

Eigenschappen van de luchtgeesten

De geesten van de lucht zijn buitengewoon vitaal en energiek. Ze hebben de naam verfrissend, vernieuwend en levensbehoudend te zijn. Luchtgeesten beschermen de atmosfeer van de planeet aarde.

Zij sturen de luchtstromen en de wind en trachten ondanks alle vervuiling de lucht steeds weer te zuiveren. De geestwezens van het element lucht beschikken over een onuitputtelijke bron van levensenergie. Onvermoeibaar produceren zij de zuurstof die voor zoveel wezens van levensbelang is.

Het geheim van de luchtgeesten

Luchtgeesten staan voor kwaliteiten als vrijheid, ruimte, oneindigheid en vernieuwing. De machten van de lucht symboliseren ook de wereld van de gedachten en de ideeën en zij werken op de inspiratie. Aspecten als lichtheid of levensenergie horen bij het element lucht.

Luchtenergie bevat leven

Lucht en ademhaling hangen direct met elkaar samen. Zonder lucht kunnen wij niet leven – de energiehuishouding van ons lichaam zou binnen enkele minuten instorten. Luchtgeesten zitten vol leven. Samen met de lucht nemen zij energie op. De uitdrukking 'geen puf hebben', eigenlijk 'geen adem hebben', staat voor futloosheid, gebrek aan energie.

De elementalen van de lucht laten een blijvende indruk op de ziel na. Adem en ziel staan in een nauwe samenhang met elkaar: het woord 'adem' is verwant met het woord 'atman' (Sanskriet: ziel, ademtocht). Door zijn adem blies God volgens de bijbel de mens het leven in.
De lichtheid van de lucht heeft een inspirerende werking. Het woord 'inspiratie' (Latijn: inspirare = inblazen, inademen) toont de samenhang van lucht, adem en ziel.
Waar de lucht bijzonder schoon en helder is, zijn de luchtgeesten zeer actief. In frisse, schone lucht kunnen heldere gedachten en stemmingen ontstaan. Als de stemming bedrukt is 'hangen er donkere wolken'.
Wanneer wetenschappers of uitvinders over de gehele wereld tegelijkertijd dezelfde ontdekking doen, zegt men 'het zat in de lucht', al die nieuwe ideeën. De lucht is dus ook een medium waardoor subtiele gedachte-impulsen zich kunnen verspreiden.
Luchtfeeën openbaren zich veelal in de wind. Wind ontstaat waar lucht in beweging komt. In het volksgeloof kreeg de wind een bijzondere betekenis. In de Germaanse mytho-

Sylfen zijn ragfijne, tere luchtwezentjes. Zij kunnen dansen op zonnestralen. Soms lijken zij op muggen, dan weer op mensjes.

logie zit een soort reuzenadelaar, Hraeswelg, in de hemel. Zodra hij zijn vleugels uitspreidt, ontstaat er wind. Regelmatig werd de wind in verband gebracht met bovenmenselijke machten, met goden en reuzen.

Machtige geesten

De heersers over de winden zijn buitengewoon energieke geestwezens: wind is een symbool voor kracht en energie. Als heersers over de wind veroorzaken luchtgeesten ook stormen, die voor de mens gevaarlijk kunnen zijn. In Noord-Europese sagen is de windbruid een vervloekte ziel, die zich uit in het verwoestende aspect van de wind, zoals een vernietigende orkaan. De windbruid heerst over de lente- en de zomerwind en zij verschijnt met name in de ochtend. Haar echtgenoot heerst over de herfst- en de winterwinden en hij laat de avondwind ruisen.
In de Middeleeuwen geloofde men dat iemand in een windvlaag behekst kon worden. Rode, gezwollen ogen waren een duidelijke aanwijzing voor een betovering. Tegenwoordig zien we hier geen heksenwerk meer in, maar eerder een bindvliesontsteking.

Offers voor de luchtgeesten

Men trachtte de luchtgeesten door middel van offers gunstig te stemmen door bloem, zout of broodkruimels van een berg in de diepte te strooien of direct in de wind, waarbij een offerspreuk werd opgezegd.
In oude tijden brandde men kaarsen om de windgeesten tot bedaren te brengen en stormschade te voorkomen. De kaarsen werden op de naar de wind gekeerde vensterbank gezet en tijdens de storm las men in de bijbel. Normaal gesproken werken luchtgeesten niet vernietigend, maar vernieuwend en reinigend. De wind blaast het oude weg. Waar een 'frisse wind waait', ontstaan nieuwe ideeën. Uit het sprookje van Hans en Grietje kennen wij het kinderrijmpje: 'Wind, wind, hemels kind'. Inderdaad leven de geesten van de lucht niet alleen in de wind, maar ook in de hemel, die de oneindige ruimte voorstelt en een synoniem voor het paradijs is. Gezegdes als 'de hemel op aarde', of ' in de zevende hemel' verwijzen naar een paradijselijke toestand. De sferen waarin de luchtgeesten werken zijn zo hemels dat zij weleens met engelen worden verward. Luchtfeeën behoren echter net als alle elementalen tot de aardse sfeer en zij staan niet in een directe verbinding tot de hemelse vader over wie Jezus sprak. Luchtgeesten heersen in de buitenhemel, de luchtlaag die de aarde omgeeft. Zij zijn geen engelen, die in de goddelijke hemel wonen.

De geesten van het vuur

Vroeger heetten de vuurgeesten salamanders, een nogal verwarrende naam. Deze middeleeuwse naam voor de vuurgeesten heeft niets te maken met de vuursalamander, en de etherische geesten lijken ook helemaal niet op het bekende diertje met dezelfde naam. Tegenwoordig worden de vuurgeesten nog maar zelden salamanders genoemd, maar wel vuurfeeën, vlammenfeeën, vuurdeva's, vulkaanelfen of zonnegeesten.

Goden van het element vuur

De bekendste vuur- en zonnegoden zijn de Griekse goden Apollo, Hestia, Hephaistos en de held Prometheus; in het oude Rome Vulcanus en Vesta; in Scandinavië Loki, bij de Kelten Brigid, bij de Azteken Xiuhtecutli, in India Agni en Surya en in Egypte de god Ra.

Waar leven de vuurgeesten?

De elementalen van het vuur houden van hitte en licht. Zij leven overal waar vuur is, zoals een kampvuur of het vuur in een open haard. Zelfs een kaarsvlammetje kan ze lokken. De elementalen werken op indrukwekkende wijze in de zon, de bliksem, in vulkanen en in de gesmolten hete aardkern. Zij houden

Ik zie de vuursalamander / door het vuur lopen / Geen rilling jaagt hem, hij voelt geen pijn (Ingeborg Bachmann, uit: 'Erklär mir Liebe').

van de warme geisers, maar zij kunnen zich ook openbaren in bosbranden en in explosies. In de Middeleeuwen wist men dat sommige vuurgeesten de nabijheid van de huiskachel opzoeken. Dit gaf aanleiding tot het uitvoeren van allerlei haardrituelen.

Hoe zien vuurgeesten eruit?

De geesten van het vuur passen zich aan hun natuurlijke omgeving aan. Mensen die er gevoelig voor zijn kunnen ze ontdekken in het spel van de vlammen en beschrijven ze in gele, oranje en roodachtige kleuren. Deze meestal vlamvormige, mannelijk aandoende geesten kunnen zich ook vlak boven het vuur bevinden.

Eigenschappen van de vuurgeesten

De elementalen van het vuur blijven liefst onzichtbaar, want zij zijn erg schuw. Dit maakt het moeilijk ze waar te nemen. Vuurgeesten zitten vol energie en representeren de mannelijke pool. Vanwege hun plotseling oplaaiende energie zijn zij moeilijk te controleren. Vuur wordt al gauw onberekenbaar, het is beter niet 'met vuur te spelen'. Met vuurgeesten moet men niet lichtzinnig omgaan; een behoedzame, respectvolle benadering is aan te raden.

Nooit verkeerde ik met de salamander, over hun doen hoorde ik van andere bosgeesten weinig. Zij glippen heel schuw 's nachts voorbij als lichtende schaduw.

HEINRICH HEINE (1797-1856)
uit: Waldeinsamkeit

Vuurgeesten zijn gepassioneerd en emotioneel. Zij houden van muziek, in het bijzonder van ritme: trommelklanken trekken hen aan. De elfen van het vuurrijk hebben niet alleen verwarmende, maar ook ontgiftende en zuiverende aspecten.

Het geheim van de vuurgeesten

Wie door middel van meditaties of rituelen contact maakt met vuurgeesten, verbindt zich met de 'vuurkwaliteiten', waaronder met name warmte en licht.
De vuurgeesten staan voor transformatie en reiniging, maar ook voor brandende hartstocht, seksualiteit, sterke emoties en vitaliteit.

In het oude Griekenland kwam onweer van Zeus, die met zijn goddelijke hand de bliksems wegslingerde (sculptuur, omstreeks 470 v.Chr.).

Vuur is uitgesproken machtig – het schenkt warmte en licht, maar verbrandt ook alles wat te dichtbij komt. In vele culturen is rituele lijkverbranding of crematie heel gebruikelijk, want door het vuur wordt de ziel gezuiverd en naar God gevoerd. Pas toen de mens het vuur leerde beheersen kreeg hij macht over de natuur en kon hij gemakkelijker overleven. Het vuur gaf warmte in de winter en beschermde tegen bevriezing. Wilde dieren durven niet in de buurt van vuur te komen, daardoor bood het vuur veiligheid aan de mensen. De mensen leerden het vuur gebruiken om hun spijzen eetbaar te maken, ertsen te smelten en wapens of gereedschap te smeden.

Sinds jaar en dag is vuur een levenssymbool: het schenkt licht, voeding en warmte. Maar vuur kan ook vernietigend werken, daarom wordt het ook wel geassocieerd met oorlog en de hel. De oude volkeren zagen het vuur vooral als een symbool voor de zon en het licht. De held Prometheus uit de Griekse mythologie stal het vuur uit de bliksem van Zeus, de vader der goden, en gaf het aan de mensen om hun leven makkelijker te maken. Prometheus was ook de uitvinder van allerlei vaardigheden die de mensen het leven veraangenaamden. Vanwege hun goddelijke oorsprong werden de vuurgeesten – meer dan de andere elementalen – door offers gunstig gestemd. Bij de Inca's bewaakten tempelvrouwen de heilige vuurplaatsen. De Romeinse godin van het haardvuur was Vesta. De Vestaalse maagden, jonge priesteressen, hielden het vuur brandend, want het mocht nooit uitgaan.

De mens uit de oertijd zag de bliksem als een uitdrukking van de goddelijke macht die het lot van de mens bepaalde.

Bij veel natuurvolkeren zijn de vuurgeesten nog steeds heilig. Men voert rookrituelen uit met welriekende stoffen om boodschappen en vragen naar de goden te sturen. Tegenwoordig zijn de offergebruiken zogoed als verdwenen. Maar tijdens feestelijke momenten roepen wij nog steeds de vuurgeesten aan – al doen wij dit onbewust: op verjaardagen, met Kerstmis, op romantische ogenblikken steken wij kaarsen aan. Een open vuur en kaarslicht kunnen degene die ernaar staart in een toestand van diepe ontspanning brengen. Geen van de andere natuurgeesten kan deze trance zo snel doen ontstaan als de vuurgeest. Vuurgeesten tonen zich niet alleen in vlammen, maar ook in de bliksem, een wel heel indrukwekkende manifestatie van de vurige elementalen. Meestal komt de bliksem onaangekondigd, als in de uitdrukking 'door de bliksem getroffen'. Als iets 'inslaat als de bliksem', dan gaat het door merg en been. 'Bliksemsnel' geeft uitstekend de energieke, spontane energie van de vuurgeesten weer. Vuurgeesten zijn bijzonder hartstochtelijk en kunnen enthousiasme maar ook seksuele energie opwekken: 'in vuur en vlam' staan. En wie hevig verliefd is, kan alleen maar aan zijn 'vlam' denken.

Vuur verwarmt en geeft licht in het duister, maar heeft ook een keerzijde. De geesten van het vuur zijn buitengewoon krachtig.

Bewakers van de haard

In de Middeleeuwen was de haard het middelpunt van het huis. Sedert het begin van de civilisatie hoorden huis en haard bij elkaar. De haard bracht warmte en licht in het huis en was de plek waar men eeuwenlang de vuurgeesten bezwoer. Daaruit ontwikkelde zich het volgende gebruik: voordat de bruid van de heer des huizes in haar nieuwe familie werd opgenomen, moest zij eerst de 'haardzegen' ontvangen. Zij boog voor de haard, liep er drie keer omheen en bracht het vuur een offer, meestal in de vorm van gedroogde kruiden.

Het uitgaan van het vuur zag men als een slecht voorteken. Daarom liet men de haard alleen bij hoge uitzondering koud worden. Op Goede Vrijdag was het de gewoonte de as uit de haard te vegen om het huis te beschermen tegen brand.

Gebruiken rond het vuur

Het sint-jansvuur had vroeger een bijzondere betekenis. Het werd aangestoken op de avond voor de naamdag van Johannes de Doper (24 juni). In de nacht van de langste dag, de zonnewende, ontstak men grote 'hemelvuren' om de zon te danken, haar te eren en de overwinning van het licht te vieren. Door het aansteken van het sint-jansvuur verlichtte men de kortste nacht van het jaar en de machten van de duisternis werden voorgoed verdreven. Hier en daar wordt op het platteland deze nacht nog steeds met dans en muziek gevierd.

In Mongolië vereert men de geesten van het vuur al eeuwenlang. Tijdens nachtelijke rituelen vragen de sjamanen aan de vuurgeesten wat de toekomst brengt. De vragensteller snijdt met een mes stukken hout tot splintertjes die men vervolgens in het vuur verbrandt. Uit de intensiteit van het vuur, de kleur van de vlammen en de rookvorming kunnen sjamanen en helderzienden de boodschap van de vuurgeesten lezen.

Hoeders van de planten

Na deze uiteenzetting over de elementalen bekijken wij de belangrijkste vertegenwoordigers van het feeënrijk, namelijk de elfen en feeën van bomen en bloemen. Iedere plant heeft een eigen beschermgeest, die haar verzorgt met energie en haar beschermt tegen de schade-

DRYADEN – BOOMFEEËN UIT DE OUDHEID

In de Griekse mythologie komen ook dryaden voor. Deze nimfen zijn nauw verbonden met de bomen. Zij ontstaan en vergaan samen met hen.

- Volgens de Griekse opvattingen werd iedere boom geboren met zijn eigen dryade, die hem gedurende zijn hele bestaan beschermde.
- Dryaden die waren opgegaan in de schors, bladeren en takken van de boom en dus echt in de boom leefden noemde men hamadryaden.
- Wanneer de boom stierf, betekende dat ook het levenseinde voor de dryade. Daarom dachten de oude Grieken dat iedereen die zonder goede reden een boom omhakte, door de goden gestraft zou worden. In het oude Griekenland werden bomen dan ook nooit zomaar omgehakt.
- Tegenwoordig zou men dryaden eerder boomelfen noemen. Zij bevinden zich immers in de directe nabijheid van hun boom. Waar bomen ziek worden door slechte milieuomstandigheden, daar lijden ook de natuurgeesten.
- Als een boom dood is of wordt omgehakt, trekken de natuurgeesten zich terug en daarmee verliest de boom ook zijn levensenergie.

De natuur heeft een ziel, al is dat tegenwoordig niet altijd meer zo goed te merken. Iedere bloem heeft een eigen beschermfee.

lijke invloed van hitte en kou. Elfen en feeën zijn voornamelijk actief in het rijk van de bloemen en bomen. Ook al lijken bloemen, bijvoorbeeld tulpen en narcissen, op afstand gezien op elkaar, toch is iedere tulp en iedere narcis uniek. Zoals ook ieder mens zijn eigen karakter heeft, zo heeft ook elke plant haar eigenheden, die haar van soortgenoten onderscheiden. Helderzienden weten dat zelfs het kleinste bloempje door haar eigen bloemenfee wordt verzorgd.

Deva's – tere wonderwezens

De plantendeva's behoren tot de lieflijkste en teerste lichtwezens die er zijn. Zij stralen in de mooiste kleuren. Sommigen zijn piepklein, anderen kunnen hun plant omhullen als een krachtig, kleurrijk energieveld. Sommige plantenfeeën leven geheel onzichtbaar in de bloemkelk of in de wortels, de takken en de bladeren van bomen.
Boom- en bloemenelfen worden nogal eens beschouwd als behorend bij het element aarde en men noemt ze ook wel aardgeesten. Weliswaar zijn het aardgeesten die de aarde en de minerale wereld beschermen en een gunstig milieu scheppen voor de planten, maar de tere boomelfen en bloemenfeeën zijn toch duidelijk anders dan de 'echte' aardgeesten zoals kobolden en dwergen.

De werking van de vier elementen

Elk schepsel op aarde – mens, dier of plant – is een kind van de vier elementen aarde, water, lucht en vuur. Dit is duidelijk te zien bij de planten: een roos wortelt in de aarde en groeit van daaruit omhoog, de lucht in. De elementalen van de aarde verzorgen haar met voedingsstoffen uit de bodem. Maar om te kunnen groeien en bloeien heeft zij ook water nodig om niet uit te drogen. Natuurlijk zijn voor de roos gunstige omstandigheden in de biosfeer, in de lucht, van levensbelang. Zoals alle planten volbrengt de roos een waar kunststuk: door fotosynthese bouwt zij haar organische substantie geheel op uit dood, anorganisch materiaal, wat alleen maar kan lukken met behulp van het zonlicht.
Dus heeft de plant allevier de elementen aarde, water, lucht en vuur (zon) nodig. Alleen wanneer deze vier elementen harmonisch samenwerken, ontstaat een plant, samen met het bijbehorende lichtwezen.

Boomelfen en bloemenfeeën

De natuurgeesten van de bomen en de bloemen benaderen nog het meest de gangbare voorstelling die wij van elfen en feeën hebben. Bloemenfeeën en boomelfen zijn schuwe wezens. Vergeleken met de vuur- of watergeesten is hun macht niet onuitputtelijk. En toch is het de energie van juist deze tere wezens die de planten beschermt. Voor de mens is de plantenwereld van groot belang. Bomen en planten reinigen de lucht en zorgen voor een evenwichtig klimaat. Bovendien leveren planten het grootste deel van de menselijke voeding. Kleding, medicijnen en natuurgeneesmiddelen worden uit planten vervaardigd. Hoe meer de mens het leefgebied van de planten in gevaar brengt, des te sneller graaft hij zijn eigen graf. Het werken met de natuurgeesten biedt voor iedereen prachtige mogelijkheden om zijn leefomgeving actief te beschermen.

Zorgen voor de natuur betekent ondersteunen van het werk van de plantenfeeën (schilderij van Eleanor Fortescue-Brickdale).

Ontmoeting met natuurgeesten

De volgende oefeningen en meditaties zijn niet meer dan vingerwijzingen, waarbij het gaat om het aanreiken van ideeën. Durf uw eigen weg te vinden. Indien u ervoor openstaat en gretig gaat experimenteren, zult u succes boeken. Geduld is daarbij een schone zaak. Uiteindelijk zal het contact met de natuurgeesten uw leven veranderen.

In harmonie met de natuur

Natuurgeesten geven de mens bescherming en geborgenheid. Wie luistert naar de taal van de natuur zal haar helende energie ervaren.

Natuurgeesten stralen een helende energie uit. Uit sprookjes en sagen is bekend dat de lichtwezens van de natuur bescherming en geborgenheid bieden. Hoe meer u ze met aandacht en liefde benadert, des te beter zullen hun zuiverende krachten zijn voelbaar.

Over feeën en elfen

Voordat u op reis gaat naar de wereld van de feeën, wil ik nog enkele adviezen geven. Feeën en elfen zijn op bepaalde plaatsen en tijden bijzonder actief. Bovendien zijn er signalen die aangeven dat u door natuurgeesten wordt benaderd. Deze tekens zijn te vinden in de mythologie, in sagen, sprookjes en oude gebruiken en in de ervaringen van mensen die contact hebben met de wereld van de feeën en hierover hebben verteld.

Het juiste tijdstip

Om te beginnen: wat is de beste tijd om de natuur in te gaan? De elementalen zijn het actiefst:

- tijdens de ochtendschemering bij het krieken van de dag, net voor de zon opkomt
- tijdens de avondschemering vlak voor zonsondergang
- tijdens het middaguur, wanneer de zon het hoogst staat
- rond middernacht, het tijdstip dat niet voor niets het 'spookuur' heet
- gedurende overgangsperioden, dus de lente en de herfst en aan het begin van de seizoenen.

Krachtplaatsen

Net zo belangrijk als de vraag naar de beste tijd is de vraag naar de juiste plaats. Er bestaan plaatsen waar de feeën en elfen bij voorkeur vertoeven.
Als u elementalen wilt ontmoeten, zoek ze dan in de natuur. Hoe meer tijd u in de vrije natuur doorbrengt, hoe beter. Feeën zal men vooral op plaatsen vinden waar de natuur nog niet gecultiveerd is, onaangedaan door menselijke invloed. Hoe ongerepter en oorspronkelijker het landschap is, des te groter de kans dat er zich lichtwezens bevinden. De meeste natuurgeesten mijden de civilisatie, maar sommige zijn er uiteindelijk aan gewend geraakt: boom- en bloemengeesten komen zelfs voor in stadsparken.

ELF
Blijf bij ons!
Wij hebben een dansvloer in het dal
geheel bedekt met maneschijn,
glimwormpjes verlichten de zaal,
krekels maken muziek zo fijn.
de vreugde, het mooie
lichtgelovige kind,
zich wiegend in de avondwinden:
waar zich zilver op takken en struiken
bevindt,
daar zul jij
de mooiste vinden.

JOSEPH VON EICHENDORFF
(1788-1857)

Hoewel lichtwezens erg schuw zijn, zijn zij er niet bij voorbaat op uit de nabijheid van mensen te mijden. Waar de tuin wild en ongeremd mag groeien, waar zich een grote plantenvariatie in de buurt van een huis bevindt, waar kinderen in de tuin

Overal in de schoonheid van de natuur laten geestwezens hun sporen na, tot in het kleinste dauwdruppeltje.

spelen, waar veel wordt gelachen en gedanst, waar muziek te horen is en een vredige sfeer heerst, daar zullen de goede geesten van de planten niet ver zijn.

De aanwezigheid van natuurgeesten

Feeën en elfen zien we doorgaans niet met ons gewone gezichtsvermogen. Dat is voor maar weinig mensen weggelegd, alleen voor helderzienden. Maar de aanwezigheid van natuurgeesten is wel voelbaar. De geestwezens van de natuur verbinden zich met de mens via gevoelens en gemoedsbewegingen. Er zijn typische signalen die op de aanwezigheid van elementalen wijzen:

De aanwezigheid van natuurgeesten in de natuur wordt voelbaar op windstille avonden ('Droombeeld' van Juan Vinoles, 1889).

➻ Intense emoties – wanneer men zich in de natuur opgenomen voelt en er een gevoel van genegenheid en geborgenheid optreedt; of een plotselinge ongewone vreugde, vrolijkheid en ontspanning.

➻ Negatieve emoties zijn ook mogelijk, bijvoorbeeld een plotseling optredende angst om door het bos te lopen, in de donkere vijver te zwemmen enzovoorts.

➻ Opvallende lichamelijke sensaties: kippenvel, een kriebelend gevoel op de huid, koude rillingen over de rug, ongewone waarneming van de temperatuur: men heeft het ineens koud of zonder aanleiding juist warm.

➻ Verandering in het waarnemen van de tijd: de tijd lijkt stil te staan of men heeft het gevoel maar heel even in de natuur geweest te zijn, terwijl het in werkelijkheid heel lang was.

➻ Onverwachte geluiden: onverklaarbaar geritsel, geruis of ongewone klanken in de natuur die men niet kan verklaren.

➻ Onverklaarbare bewegingen: wanneer het gladde water ineens rimpelt, of grasprietjes of bladeren bewegen, terwijl het absoluut windstil is.

Het vinden van een krachtplaats

Krachtplaatsen zijn alleen intuïtief op te sporen. Op sommige plaatsen is de kans groter om elfen en feeën te ontdekken, met name:

- bossen en bosranden
- een kruising van bospaden
- beken, rivieren, stroompjes en de oevergebieden
- natuurlijke vijvers en hun oevers
- gebergten, hoogvlakten, in de buurt van bergtoppen
- grotten in de bergen, holen in de grond of holle bomen
- wilde heggen, struikgewas en kreupelhout
- bloemenweiden, open plekken in een bos, de hei.

➻ Een plotselinge bries, een schijnbaar uit het niets komende wind of een wervelwind.

➻ Merkwaardige optische verschijnselen, bijvoorbeeld plotselinge lichtflitsen of een glinstering, of een deel van het landschap ziet er ineens wazig uit.

➻ Opvallende plotselinge geuren waarvan de bron onvindbaar is. De geur kan variëren van licht, fris en bloemig tot een zware aarde- of harslucht.

➻ Schuwe dieren in het bos komen dichterbij (natuurgeesten kunnen de vorm van dieren aannemen).

- Een gevoel van ondefinieerbare 'aanwezigheid'.

Afstemmen

Er zijn heel mooie manieren om ons bewustzijn voor te bereiden op zulke ervaringen. De volgende suggestie kan u helpen uw sensitiviteit op een eenvoudige manier te ontwikkelen, zodat u openstaat voor de realiteit van de natuurgeesten.

Sprookjes lezen

Er zijn allerlei magische sprookjes, sagen en fabels, die u vertrouwd kunnen maken met de geesten van de natuur. Vertellingen waarin feeën, elfen, dwergen, nimfen, watermannen en nixen voorkomen, trainen uw 'zevende zintuig'. Zo wordt uw voorstellingsvermogen vanzelf geactiveerd. Lees gewoon alles wat u maar over natuurgeesten vinden kunt. Verdiep u in de Griekse en Keltische mythologie, met sprookjes uit Nederland, Duitsland, Engeland, Finland, Frankrijk en Zweden. Maar ook sprookjes uit culturen hier ver vandaan gaan vaak over feeën en elfen, bijvoorbeeld uit India, Rusland, de Arabische landen en China.

Fantasiewerelden

Het is geen gek idee eens op een kinderboekenafdeling rond te neuzen of op de afdeling fantasy. Het maakt niet uit of uw voorkeur uitgaat naar sprookjes van de gebroeders Grimm of naar Tolkiens In de ban van de ring, de romans van Marion Zimmer Bradley, Midzomernachtdroom van Shakespeare, Fluitendroom van Hermann Hesse of Hyacinth en Rozenbloesem van Novalis. Waar het om gaat is dat u zich bezighoudt met 'geestrijke' literatuur.
In de verhalen Repelsteeltje en Rübezahl, Sneeuwwit en Rozerood en Midzomernachtdroom komen aardgeesten voor. In Odysseus en de sirenen, De kleine zeemeermin, De visser en zijn vrouw (ook bekend als Piggelmee) of Het levenswater kunt u over watergeesten lezen.
In het verhaal van Perseus, De ganzenhoedster, De oude vrouw in het bos of De zeven raven wordt verteld over luchtgeesten in de gedaante van magische vogels. Sint Joris en de draak en De schone en het beest en Prometheus gaan over transformatie.

> *De fabel is het thuisland van de liefde,*
> *ze woont graag tussen feeën,*
> *talismannen, gelooft graag in goden,*
> *omdat zij goddelijk is.*
>
> FRIEDRICH VON SCHILLER
> (1759-1805)

De verbeeldingskracht versterken

U kunt uw fantasie trainen door u tijdens het lezen voor te stellen hoe feeën, gnomen, nimfen enz. eruitzien. Probeer u een beeld voor te stellen, geef de wezens uit de sprookjes, sagen en de mythologie een concreet uiterlijk met vormen en kleuren. Op deze manier activeert u uw intuïtieve rechterhersenhelft, die beter is toegerust voor het waarnemen van engelen en feeën dan de logisch-analytische linkerhelft.

Creativiteit ontwikkelen

Van nature is ieder mens creatief, maar velen ontwikkelen hun creatief vermogen niet. Creativiteit trekt feeën en elfen aan. Bovendien helpt creativiteit een scherper oog te krijgen voor de onzichtbare werelden. Doe wat u leuk vindt om uw scheppingsdrang uit te leven. Schilderen, tekenen, fotograferen, boetseren, hout bewerken: alles is geschikt. Verzamelt u liever bladeren, bloemen, kastanjes en takken om er iets moois mee te maken, dan is dat ook heel goed. Hoe spontaner en intuïtiever uw aanpak is, des te beter!

Op de grens tussen dag en nacht staan wij open voor de onzichtbare wereld. Het bestaan van wonderbaarlijke tussenrijken wordt voelbaar.

Het effect van muziek

Veel natuurgeesten worden onweerstaanbaar aangetrokken door muziek. Het is helemaal niet nodig een instrument te spelen of perfecte klanken voort te brengen. U neemt gewoon een instrument en gaat daarmee naar hartelust experimenteren. Losse tonen, akkoorden of melodieën, speel wat u leuk vindt en doe het met heel uw hart. Durf weer kind te zijn! U kunt ook tijdens een wandeling door de natuur een lied

In elke mooie bloem woont een fee. Benader deze tere wezens met geduld en met al uw zintuigen.

zingen of fluiten. Met een gong of klankschalen kunt u prachtige klanken voortbrengen, die rijk zijn aan boventonen. Deze instrumenten kunt u meenemen als u de natuur in gaat. Maak muziek en nodig de bosfeeën uit voor een concert. U zult al gauw hun aanwezigheid voelen.

Feeën uitnodigen in de tuin

In de ongerepte natuur zijn de feeën bijzonder actief. Als het even kan, breng dan zo vaak mogelijk een dag of een paar uur in het bos of in de bergen door. U kunt ook feeën in uw eigen tuin uitnodigen. Er zijn mensen die zoveel van planten houden, dat zij midden in de stad in een klein tuintje of een volkstuin complete feeënfamilies hebben weten te lokken.

Liefde voor wat groeit en bloeit

Als u elfen wilt ontmoeten zijn de omstandigheden minder belangrijk dan uw intentie. Hoe meer u zich met planten bezighoudt, des te groter is de kans dat u een 'groot hart' voor deze tere wezentjes zult ontwikkelen. Het is niet zo moeilijk om bloemen of kruiden in een tuintje of op een balkon te planten – daar hoeft u geen groene vingers voor te hebben. Weet u niet veel van planten, dan kunt u een eenvoudig boek over tuinieren aanschaffen. Met wat goede adviezen over zaad, water geven en bemesten krijgt u de plantenkweek snel onder de knie. Het opvolgen van de aanwijzingen van de feeën is het belangrijkste. Of u nu gaat zaaien, perken aanlegt, onkruid verwijdert of planten water geeft: nodig de bloemenfeeën uit u te helpen. De Findhorngemeenschap (zie blz. 22) heeft aangetoond dat planten het zelfs op heel arme grond heel goed kunnen doen, indien men zich openstelt voor de boodschappen van de deva's.

Overdrijf het niet! Laat de planten de ruimte zich vrij te ontwikkelen en geef ze een minimale verzorging. Geef de plant de gelegenheid 'in het wild' te groeien. Gebruik in geen geval kunstmest of agressieve bestrijdingsmiddelen! Luister in plaats daarvan naar uw innerlijke stem, waardoor de feeën contact met u maken.

Met feeën spreken

Uiteraard kunt u ook zelf met de feeën en elfen gaan praten. Gebruik uw eigen woorden. U kunt bijvoorbeeld heel eenvoudig zeggen: 'Lieve feeën van de tulpen, anemonen en rozen, ik nodig jullie uit in mijn tuin.

Waar ruim baan wordt gegeven aan de natuur, zullen de bloemenfeeën zich vestigen. Dat de planten zo goed gedijen is aan hen te danken.

Dat jullie hier een plek mogen vinden om jullie krachten te laten werken.'

Natuurlijk kunt u dit ook anders formuleren, of helemaal zonder woorden spreken: doe het werk in uw tuin dan op een meditatieve manier, ontspannen, alert en zorgzaam. Daarmee geeft u de lichtwezens van de planten de kans zich te laten zien. Vergeet niet de feeën en elfen te bedanken, als uw bloemen, kruiden en fruitbomen volop groeien en bloeien. Ten slotte kost het hun immers ook energie de planten te laten groeien.

Natuurmeditaties

Misschien hebt u al contact met natuurgeesten. De meeste mensen voelen wel dat de natuur doordrongen is van leven en energie. Iedereen heeft weleens iets in de natuur

meegemaakt dat hem of haar met vreugde en geluk heeft vervuld.
De levendigheid van de natuur komt naar voren in de groei van de planten, in het ritme van dag en nacht of de wisseling van de seizoenen. Wie goed kijkt kan het verborgen werk van de natuurgeesten hierin herkennen. Het doel van feeën- en elfenmeditaties is alleen het contact met de natuur dat er al is, bewuster en inniger te maken.

Natuurgeesten ontdekken

Wanneer u in een bos gaat wandelen, ga dan niet zoals de meeste mensen alleen maar een frisse neus halen. Wandelen is natuurlijk gezond – maar als u iets van de betovering wilt voelen die van de feeën en elfen uitstraalt, hebt u een meditatief bewustzijn nodig. Feeën en elfen zijn niet overal in de natuur evenveel aanwezig. De indianen wisten dat alle natuurverschijnselen die de alerte kijker opvallen, vrijwel zeker doordrongen zijn van geesten.

Alles wat opvalt binnen de omgeving verdient de volle aandacht. De zon en de maan horen daar ook bij, als opvallende hemellichamen. Kijk ook goed naar hoge bergtoppen, machtige rotsen, en bizar gevormde of alleenstaande bomen. Ook sterren die een fel licht geven, buitengewone wolkenformaties of bloemen die 'op magische wijze' meer opvallen dan anderen, zouden onze speciale aandacht moeten krijgen.
Om natuurgeesten te kunnen 'zien' moet u een 'helderziend perspectief' vinden. De wereld van het bovennatuurlijke is alleen te bevatten als u uw waarneming traint en verbetert. Hierdoor zult u beter in staat zijn fijnstoffelijke fenomenen te zien en te horen.
De belangrijkste factor om de zintuigen te verfijnen is de tijd. Het is niet voldoende vluchtig aan een plant te ruiken of even naar een boom te kijken – houd deze indrukken een tijdje vast. Let om te beginnen op 'gewone dingen' en richt u vervolgens steeds meer op ongewone waarnemingen. Probeer achter de verschijning te kijken en ontwikkel een oog voor het transcendente. Probeer eens verscheidene oogposities: knijp ze een klein beetje dicht, kijk door de wimpers heen, verander van fixatiepunt, kijk door de plant heen of kijk eens helemaal ontspannen met open ogen. Misschien kunt u al vrij snel ongewone dingen zien – zoals gezichten in bomen, stenen en bloemen. Misschien valt u een 'uitstraling' op, een schijnsel of een bepaalde kleur, die de planten omgeeft. Word niet ongeduldig als het niet meteen lukt. Voor veel mensen is het gemakkelijker feeën te voelen dan ze te zien. Probeer daarom ook eens de energie te voelen die uitgaat van wolken, rivieren, bomen enzovoort. Er zijn allerlei mogelijkheden om de magie van de natuurgeesten te bevatten. Het belangrijkste is dat

Voorbereiding

- Laat alledaagse zorgen en gepieker los.
- Verlaat de wereld van het denken en concentreer u op uw waarnemingen en gevoelens.
- Wees u bewust van uw lichaam, of u nu op een bospad wandelt, onder een boom staat of op een grasveld ligt.
- Stel uw zintuigen open: ruik aan bloemen of kruiden, adem hun geur in. Geniet! Hoor de geluiden die u omgeven: luister bewust naar het getjilp van de vogels, geritsel in het struikgewas of het kraken van bomen in de wind. Kijk met waakzame ogen: bekijk landschappen, bloemen, bomen of de hemel heel aandachtig. Neem de tijd.

Hoe ongerepter de natuur is, des te beter voelen de natuurgeesten zich er thuis, want daar kunnen zij hun krachten ongestoord ontplooien.

FEEËN EN ELFEN VAN VEEL VOORKOMENDE BLOEMEN, STRUIKEN EN BOMEN

Agrimonie-elfen	bevrijden van afhankelijkheid en helpen bij het onder controle krijgen van verslaving.
Ahornelfen	schenken vertrouwen in de kracht van de aarde, versterken het contact met het eigen lichaam.
Berkenelfen	sturen helende, harmoniserende energieën, die vooral helpen bij lichamelijke ziekten.
Beukenelfen	helpen zich af te grenzen, en versterken het gezonde ik.
Bosrankelfen	versterken het bewustzijn in het hier en nu, bevorderen de waakzaamheid.
Cederelfen	geven innerlijke rust en brengen nieuwe energieën.
Cichoreifeeën	helpen de mens bij het loslaten van oude patronen als de tijd er rijp voor is.
Dennenelfen	bevorderen de innerlijke groei en bieden ondersteuning bij het vinden van de eigen weg.
Eikenelfen	bevorderen de wilskracht en helpen bij de bewustwording van de ware ziel.
Heggenroosfeeën	activeren de levensvreugde.
Heide-elfen	helpen verlegen mensen, geven moed zich te uiten en voor eigen overtuiging uit te komen.
Hulstelfen	bevrijden van jaloezie, nijd en wantrouwen.
Irisfeeën	versterken het contact met andere mensen en vergemakkelijken de communicatie.
Jasmijnfeeën	intensiveren de dromen en openen het bewustzijn voor intuïtieve boodschappen.
Kastanje-elfen	helpen tegen angst en slapeloosheid.
Linde-elfen	wekken het gevoel voor het mooie in het leven en helpen verlies te verwerken.
Madeliefjesfeeën	wekken de creativiteit op, verbeteren de creatieve expressiemogelijkheden.
Narcissenfeeën	brengen helderheid in de gedachten en lossen chaotische en verwarrende situaties op.
Olmenelfen	helpen tegen depressies en brengen licht in de ziel.
Rozenfeeën	wekken gevoelens van tederheid en genegenheid op.
Viooltjesfeeën	activeren de buitenzintuiglijke waarneming en de zelfkennis.
Vlierfeeën	verdiepen de meditatie, brengen het denken tot stilstand.
Wijnrankfeeën	schenken kalmte en helpen om belastende dingen los te laten.
Wilgenelfen	brengen nieuwe kleuren in de gevoelswereld, stimuleren de emotionele expressie, bevorderen de emotionele intelligentie.
IJzerhardelfen	bevrijden van beperkende gedachtepatronen en nodeloos gepieker.

Elke plant heeft een beschermgeest. De bekoorlijke madeliefjesfeeën versterken de artistieke krachten (Julius Hoepper, negentiende eeuw).

u er de tijd voor neemt en intuïtief te werk gaat.

Elfen en feeën in dromen zien

Wanneer u zich met natuurgeesten gaat bezighouden, is het goed om ook op uw dromen letten. Net als engelen verschijnen ook feeën graag in de dromen van de mens. Feeëndromen spelen zich zonder uitzondering af in de natuur. Een eerste aanwijzing zou kunnen zijn dat u zich in uw droom in een buitengewoon landschap bevindt, in een bos, aan zee, in het water van een meer, op een bloemenweide of iets dergelijks. Nog duidelijker is het wanneer u droomt dat bomen of andere planten tot u spreken. Wellicht droomt u zelfs letterlijk over feeën, gnomen, nixen en andere natuurgeesten. Probeer u te herinneren wat u precies hebt meegemaakt in uw droom, welke gevoelens daarbij het belangrijkst waren en waarover u hebt gesproken met de wezens uit het natuurrijk. Soms willen feeën u in een droom een belangrijke boodschap overbrengen. Hoe meer u zich interesseert voor zulke dromen, hoe beter u ze de volgende morgen zult kunnen terughalen. U hoeft echt geen psycholoog te zijn om het thema van uw eigen droom haarfijn aan te voelen...

De magie van de bloemenfeeën

Bloemenfeeën zijn uiterst tere wezentjes die positieve energie uitstralen. Vandaar dat veel mensen graag bloemen in huis neerzetten. Bloemen spelen ook een rol bij rituelen – ze staan in tempels, meditatie- en seanceruimten, wij geven ze cadeau aan een jarige of aan een zieke om een beetje licht te brengen.

Bloemen waarin feeën wonen

Plantendeva's werken op de menselijke ziel door vormen, kleuren en geuren. Iedere plant heeft een eigen persoonlijkheid en specifieke geneeskracht. In de plantengeneeskunde concentreert men zich hoofdzakelijk op de stoffen in de plant en de geneeskracht van deze stoffen. Bekend is dat bijvoorbeeld kamille en salie helpen bij keelpijn. Mensen die er gevoelig voor zijn kunnen ook de werking van bepaalde planten op de ziel aanvoelen. Deze werking hangt samen met de activiteit van de plantendeva's. Dr. Edward Bach, grondlegger van de Bachbloesemtherapie, was zo'n sensitief persoon, maar er zijn nog wel meer voorbeelden. In principe bezit ieder mens de gave de werking van bepaalde planten en hun feeën waar te kunnen nemen, maar er zijn maar weinig mensen die er de tijd voor nemen. De werkingsgebieden van de feeën- en elfenenergieën op de mens zijn heel divers. De tabel op blz. 43 geeft aanwijzingen. Om de harmoniserende werking van de boom- en bloemengeesten te ervaren, hoeft u de plant of plantendelen niet in te nemen of te eten. Het effect op geest en ziel is zo subtiel dat het niet op stoffelijke wijze overgebracht kan worden. Het gaat er vooral om precies de juiste boom of bloem te vinden die kan helpen bij de oplossing van het probleem, en vervolgens te gaan mediteren over deze plant en haar lichtwezens. Kijk ook bij Natuurgeesten ontdekken (blz. 42).

Praten met bomen

Wie met bomen spreekt, wordt in de regel als een zonderling beschouwd. Laat u daar niet door weerhouden! Waarom zou u niet met de natuur, de feeën en elfen praten? Wie communiceert, maakt gewoon gebruik van een taal, ook in dit geval.
Bomen, rivieren en wolken kunnen tot u kunnen spreken, en u kunt zelf ook met hen praten. Dat kan zonder woorden, indien u een liefdevol gevoel vanuit uw hart laat uitstralen. Met woorden spreken is ook goed. Het maakt niet uit of u ze alleen maar denkt of ook uitspreekt. Wanneer u in contact komt met plantengeesten of elementalen is het aan te raden heel eenvoudige taal te gebruiken, alsof u met een kind praat. U kunt de natuurgeesten iets vragen, u kunt hen bedanken voor hun werk of u kunt ze eenvoudig laten weten dat u ze in uw hart wilt opnemen.

Spreken met bomen en bloemen, het sturen van liefdevolle gevoelens, steunt de natuurgeesten die hier leven bij hun taak.

De natuur bijstaan

Door het volgende ritueel kunt u heel dicht bij de lichtwezens van de natuur komen. Het gaat erom helende krachten naar de natuur te sturen. Hoewel natuurgeesten over enorme energieën beschikken en zich meestal prima zelf weten te redden, is het toch prettig voor hen om te voelen dat er mensen zijn die hen helpen en steun willen bieden in plaats van tegen te werken.
U kunt dit ritueel het beste tijdens het warme jaargetijde uitvoeren.
Neem een deken mee en ga vroeg in de ochtend de natuur in, het liefst nog voor zonsopgang. Kies een energierijke plek uit waar u ongestoord uw gang kunt gaan. Een gunstige plek is bijvoorbeeld een hooggelegen grasveld met een boom, maar ook de bosrand of een open plek in het bos.
Spreid de deken uit. Trek uw schoenen uit en neem plaats op de deken. Ontspan uw geest. Laat uw gedachten los, voel de verbinding met de natuur en let op indrukken van buitenaf.
Zodra u innerlijk tot rust bent gekomen, denk dan even aan de schade die de mens in zijn onwetendheid dagelijks aan de natuur toebrengt. Laat deze gedachte niet te sterk worden – erken alleen dat de mens de verantwoordelijkheid draagt voor de vernietiging van de leefwereld. Laat medeleven voor het lijden van de natuur tot uitdrukking komen.

Meditatie

Om de natuur te helen

Sluit uw ogen, leg de ene handpalm op uw hart en de andere op uw navel. Adem langzaam en diep. Leef mee met de natuur en schenk haar helende energie.

Houd de ogen gesloten en concentreer u:

OP DE AARDE: Voel hoe de aarde u draagt. Maak contact met wat beneden u is. Bedank de geesten van de aarde en stuur de aarde kracht. Bij iedere uitademing laat u energie uit uw lichaam de aarde in stromen. Houd dit beeld enkele minuten vast.

OP DE HEMEL: Zorg dat u kaarsrecht zit en voel dat u niet alleen met de aarde, maar ook met de hemel bent verbonden. Word u bewust van de oneindige hemel boven u. Laat bij iedere uitademing energie naar de hemel stromen. Verbind dit met liefdevolle gedachten.

OP DE OMGEVING: Visualiseer met gesloten ogen het landschap waar u zich bevindt. Houd de ogen gesloten. Stuur uw genegenheid aan de elfen en feeën van dit landschap. Bij iedere uitademing stroomt energie als een licht buiten de begrenzing van uw lichaam. Stuur zo uw kracht naar de natuur die u omringt.

Sluit het ritueel af door u weer op uzelf te concentreren. Voel nog eens uw adem en uw lichaam. Open uw ogen. Hoe voelt u zich nu? Merkt u dat uw meditatie feeën en elfen heeft aangetrokken? Is u iets bijzonders opgevallen? Zijn uw gevoelens en gedachten veranderd?

De macht van de vier elementen

De elementalen zijn de machtigste en krachtigste geesten van de natuur. Zonder de energie van de vier elementen zouden wij niet kunnen overleven. Wij hebben de voeding van de aarde nodig, het water dat zij geeft, de warmte en het licht van de zon en lucht om adem te kunnen halen.

Elementaalmeditaties helpen ons om ons bewust te worden van onze natuurlijke oorsprong.

De geesten van aarde, water, vuur en lucht kunnen als beschermers fungeren. Zij ondersteunen onze ontwikkeling en brengen disharmonieën in evenwicht. De opbouw van een elementaalmeditatie is heel eenvoudig:

- Benader het element van uw keuze en kom innerlijk tot rust.
- Word u bewust van de kwaliteiten van de elementalen.
- Vraag de elementalen uw bewustzijn positief te beïnvloeden en voor harmonie te zorgen.

Tijdens aardgeestmeditaties wordt de kracht van de aarde voelbaar. De aarde schenkt geborgenheid, vastheid en levensvreugde.

Contact met het element aarde

De aardgeesten verbinden u met de oneindige kracht van de aarde. Zij activeren vrouwelijkheid, geborgenheid, stabiliteit, vastheid, vertrouwen.

Een aardgeest aanroepen

Voer een aardgeestmeditatie uit wanneer u ...

- ... uw lichaamsbewustzijn wilt verbeteren.
- ... de grond onder de voeten kwijt bent.
- ... te weinig vertrouwen hebt, zich niet geborgen voelt.
- ... uw middelpunt gauw kwijt bent of gauw van uw stuk gebracht bent.
- ... problemen hebt met gebit, beendergestel, gewrichten of bindweefsel.
- ... te zacht bent.

Aardgeesten wonen in de aarde, in grotten en holen of in de buurt van rotsen. Zij houden van kou en zijn in de winter het meest actief. Voor een aardgeestmeditatie kunt u het beste direct op de grond gaan zitten of met blote voeten op het gras of op bijvoorbeeld een rots gaan staan. Het is belangrijk dat u direct contact met de grond hebt, via uw voetzolen of handpalmen. Leg ze plat op de grond, als het niet te koud is.

Faust: Hoe anders is de werking van dit teken op mij!
Jij, geest van de aarde, staat dichter bij mijn zij;
reeds voel ik hoe mijn krachten groeien,
reeds gloei ik als van nieuwe wijn,
ik voel moed, durf me in de wereld te wagen,
het leed en het geluk van de aarde te dragen.

JOHANN WOLFGANG VON GOETHE (1749-1832)
uit: Faust I

Medita

Breng uw gedachten tot rust. Voel de aarde die u draagt. Neem haar waar met al uw zintuigen – wat ziet u, wat hoort u? Sluit uw ogen en vraag de lichtwezens u stabiliteit en vertrouwen te geven. Stel u een energiestroom voor die vanuit de aarde naar uw lichaam stroomt en laat de helende aardkrachten op u inwerken.

Blijf een paar minuten in deze toestand. Bespeurt u de aanwezigheid van de aardgeesten? Ontvangt u een boodschap, voelt u iets bijzonders? Ziet u kleuren, vormen of gezichten ontstaan voor uw innerlijk oog?

Beëindig deze oefening door nogmaals uw lichaam bewust te voelen. Adem een paar keer heel diep. Richt u nu weer naar de buitenwereld. Onderzoek of er een verandering in u heeft plaatsgevonden.

tie over de geesten van de aarde

Contact met het element water

Watergeesten representeren flexibiliteit, meegeven en levendigheid. Zij maken een verbinding met uw gevoelsniveau en werken reinigend en zuiverend. Water symboliseert het vrouwelijke, sensitieve en intuïtieve aspect. Watergeesten leven in natuurlijke wateren. Men kan ze vinden in rivieren, beken, meren en vennen en in de zee. Ze worden verdreven door menselijke tussenkomst. Zij houden van nevel en mist, van regen en ochtenddauw. In de lente zijn zij bijzonder actief. Watergeestmeditaties kunt u het beste doen aan de oever van een meer of een rivier, aan het strand, bij een bron of een vijvertje. Als het lekker warm is, kunt u ook direct contact maken met de watergeesten door met uw voeten of uw hele lichaam het water in te gaan.
U kunt de watergeesten ook uitnodigen door aan de oever van een meer te gaan zitten en wat bloesems op het water te strooien. Word niet ongeduldig als u niet meteen iets voelt. Het zal niet lang duren voor u contact krijgt.

WINTERNACHT
Niet een vleugelslag ging door de wereld,
stil en glinsterend lag de witte sneeuw.
Niet een wolkje is aan het hemelse zwerk,
geen golf rolt in het verstarde meer.
De meerboom kijkt uit de diepte zo hoog,
tot zijn top in het ijs bevroor;
uit de takken klom de nix omhoog,
keek door het groene ijs erdoor.
Op het dunne glas stond zij daar,
dat de inktzwarte diepte van mij scheidt;
vlak onder mijn voeten zag ik waar
zij was, met haar bleekwitte schoonheid.
Met verstikte jammer tastte zij weer
aan de harde deken is zij aan 't trachten,
ik vergeet het donkere gelaat nooit meer,
voor altijd ligt het in mijn gedachten.

GOTTFRIED KELLER (1819-1890)

ALLES STROOMT

U kunt een watergeestmeditatie uitvoeren wanneer u...

- ... het gevoel hebt vast te zitten.
- ... uw gevoelens meer wilt uiten of u niet meer bewust bent van uw gevoelens.
- ... een reinigingsproces wilt opstarten om uw lichaam, ziel of geest van negatieve ballast te bevrijden.
- ... u uw intuïtie en sensitiviteit wilt versterken of graag flexibeler met mensen en situaties om wilt gaan.
- ... problemen hebt met de bloedsomloop of lijdt aan bloedziekten.

De watergeestmeditatie

Kom innerlijk tot rust en verbind u met de energie van de watergeesten. Kijk naar de kleur van het water. Ziet u een glinstering op het wateroppervlak? Luister naar het stromen van het water, het ruisen van de golven of let gewoon op alle geluiden die om u heen zijn. Raak het water aan en adem de geur in.

Het element water werkt reinigend en verheldeerend. Het staat voor vitaliteit en flexibiliteit.

Medita

Sluit uw ogen en vraag de feeën en elfen van het water om positieve veranderingen in uw bewustzijn te bewerkstelligen. Voel de reinigende energieën van de watergeesten bij u naar binnen stromen. Laat deze energieën u verbinden met uw intuïtie en uw sensitiviteit opwekken.

Blijf enkele minuten in deze toestand. Voelt u de sfeer van de watergeesten? Komen er stemmen, gezichten, gedaanten of kleuren in u op? Kunt u boodschappen uit de onzichtbare werelden ontvangen?

Ter afsluiting van de oefening concentreert u zich eerst even op uw lichaam en dan haalt u enige keren diep adem voordat u zich weer naar de buitenwereld keert.
Heeft de meditatie iets veranderd? Voelt u zich anders dan voor u begon?

tie over de geesten van het water

Contact met het element lucht

Luchtgeesten zijn de elementalen die het moeilijkst grijpbaar zijn. Zij zweven tussen hemel en aarde, ze drijven op de wind en in de wolken en ze werken het sterkst in de storm. Ze breken alle beperkingen los en zijn lastig te temmen. Luchtgeesten verbinden u met de kracht van de vrijheid. Ze verruimen uw geest en schenken luchtigheid. De machten van de lucht staan ook voor de wereld van de gedachten, laten nieuwe ideeën ontstaan en activeren de kracht van de inspiratie.

Het luchtige bestaan
DOE EEN LUCHTGEEST MEDITATIE ALS...

- ...u zich in uw leven beperkt voelt door uiterlijke omstandigheden of uw innerlijke houding.
- ...u een gebrek aan luchtigheid ervaart en alles veel te serieus neemt.
- ...u beroepsmatig nieuwe, creatieve ideeën nodig hebt en het u aan inspiratie ontbreekt.
- ...u ademhalingsproblemen hebt of lijdt aan astma of longziekten.

KOOR VAN DE WINDEN
Verscheurt, blaast op, vernielt de grafkelder
die ons woeden begrenst!
Doorbreekt de lucht zo helder,
dat zelfs de zon heeft een duistere stond,
doorsnijdt de wateren,
woelt door de grond,
dat zelfs de hemel droevig plenst!

JOHANN SEBASTIAN BACH
(1685-1750)
uit de cantate
Der zufriedengestellte Aeolus

Schoon en helder is de sfeer waarin de luchtgeesten zich bewegen. Zij geven luchtigheid, inspiratie en laten een frisse wind waaien in uw leven.

Waar zijn luchtgeesten te vinden

Om de geesten van de lucht te ontmoeten hebt u een plek nodig waar de lucht nog schoon en vol energie is. Dat is niet zo gemakkelijk in onze door uitlaatgassen verontreinigde atmosfeer. In de bergen en aan zee wordt aan deze voorwaarden nog wel voldaan en ook op plaatsen waar veel planten groeien, bijvoorbeeld in het bos. De feeën en elfen van de lucht zijn in de herfst heel actief en zij houden van de wind. Voer uw meditatie dan ook bij voorkeur uit op dagen dat het waait of misschien zelfs stormt. Zoek een plaats waar u niet wordt gestoord en spreid daar uw deken uit. Maak contact met de geesten van de lucht. Laat uw gedachten los en stel uw zintuigen open. Luister naar wat het ruisen of razen van de wind u wil zeggen. Kijk naar de hemel en observeer de wolken. Voel de lucht op uw huid.

Medita

Spreek op uw eigen manier met de feeën van de lucht. Vraag hun u nieuwe energie en inspiratie te geven, uw geest te verruimen en uw gedachten vrij te maken.

Concentreer u enkele minuten op uw adem. Via de adem neemt u de energie van het element lucht op. Laat met iedere uitademing iets los van wat u belast en neem met iedere inademing nieuwe, verse krachten in u op.

Krijgt u boodschappen? Kunt u gestalten of gezichten in de wolken herkennen? Valt u iets buitengewoons op? Hoort u bijvoorbeeld klanken, ziet u merkwaardige wolkenvormen? Feeën drukken zich in de regel via het gevoel uit. Let er vooral op of uw gevoelens veranderen.

Beëindig de meditatie door u nog eens goed op uw lichaam te concentreren. Strek u uit en keer weer naar de buitenwereld terug.

tie over de geesten van de lucht

Contact met het element vuur

De energie van het element vuur schenkt warmte, licht en vitaliteit. Vuurfeeën kunnen transformatieprocessen op gang brengen en een grondige reiniging geven. Bovendien verbinden zij ons met de kracht van de hartstocht en het enthousiasme. Het is beter een vuurmeditatie niet al te vaak uit te voeren, want hierbij komen immense energieën vrij.

Reinigend vuur

De macht van het vuur kunt u goed gebruiken indien...

- ...u behoefte hebt aan een innerlijke reiniging.
- ...uw levensvuur is uitgegaan en het u aan levenslust en enthousiasme ontbreekt.
- ...u het licht in uw leven mist en een neiging tot depressies vertoont.
- ...u uw seksuele energie en hartstocht wilt oprakelen.
- ...u vaak last hebt van koude handen en voeten, een slechte bloedsomloop of spijsverteringsstoornissen.

Waar zijn vuurgeesten te vinden

Voor het uitvoeren van vuurgeestmeditaties is het vuur van een open haard geschikt, maar ook een open kampvuur in de vrije natuur. Let op dat u alleen op plaatsen een vuur brandt waar dat is toegestaan en dat u geen brandgevaar veroorzaakt. Geeft u de voorkeur aan een meditatie voor een wat zachter vuur, dan kunt u ook een fakkel of een paar kaarsen aansteken. Vuurgeesten zijn bijzonder actief in vulkanische gebieden. Zij houden van de zomer en drukken zich uit via de energie van de zon.

DE ZONSONDERGANG VAN AMARNA

Je verschijnt zo mooi aan de lichtplaats van de hemel, jij levende zon, die het eerst begon te leven. Je licht op aan de oostelijke horizon en vervult alle landen met jouw schoonheid. Je bent mooi en groot, glanzend en hoog boven alle landen. Jouw stralen omvatten de landen tot de grens van je schepping; jij bent de zon en daarom dring je door tot aan het uiterste.

Veertiende eeuw v.Chr.

Ontmoeting met vuurgeesten

Als u contact wilt maken met vuurgeesten, ga dan op een rustige plaats in de zon zitten of bij een open vuur. Vergeet niet dat de energieën van de vuurgeesten zeer intens zijn. Het is daarom niet verstandig te lang in de zon te blijven. Neem bij de omgang met vuur de gebruikelijke veiligheidsmaatregelen in acht – u zou anders weleens op ongewenste wijze kennis kunnen maken met het geweld van de vuurgeesten.

Het element vuur wordt geassocieerd met veel positieve energie – het reinigt, wekt geestdrift en levenslust op en helpt tegen depressies.

Medita

Breng uw gedachten tot rust, haal diep en ontspannen adem en kijk naar de vlammen. Wellicht kunt u na een poosje bepaalde vormen, kleuren of zelfs gezichten in de vlammen zien. Concentreer u op de warmte, luister naar het knappen van het brandende hout en neem het weldadige licht in u op.

Vraag de vuurgeesten uw ziel te vullen met licht, warmte en nieuwe geestdrift. Laat de geesten van het vuur helende veranderingen in uw bewustzijn bewerkstelligen. Vuurgeesten kunnen u vrij snel in trance brengen. Let op of u innerlijk stemmen hoort of gestalten en gezichten ziet. Probeer de verborgen betekenis van deze buitengewone verschijningen te doorgronden. Kunt u overgaan naar een bewustzijnstoestand brengen waarin u de antwoorden voor uw problemen vindt? Ziet u nieuwe mogelijkheden om met meer geestdrift, hartstocht, warmte en licht te leven?

tie over de geesten van het vuur

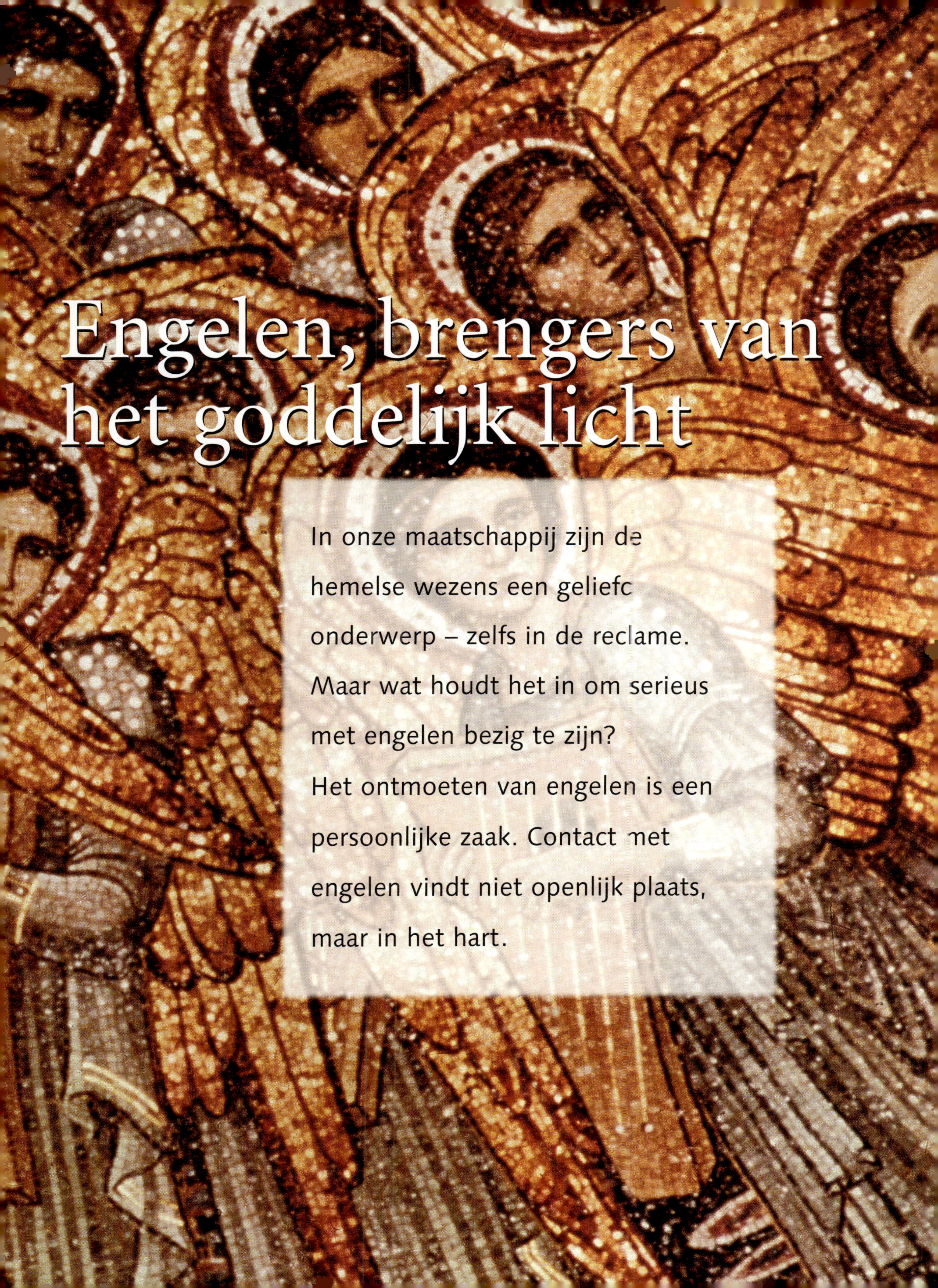

Engelen, brengers van het goddelijk licht

In onze maatschappij zijn de hemelse wezens een geliefd onderwerp – zelfs in de reclame. Maar wat houdt het in om serieus met engelen bezig te zijn? Het ontmoeten van engelen is een persoonlijke zaak. Contact met engelen vindt niet openlijk plaats, maar in het hart.

Geheimzinnige hemelwezens

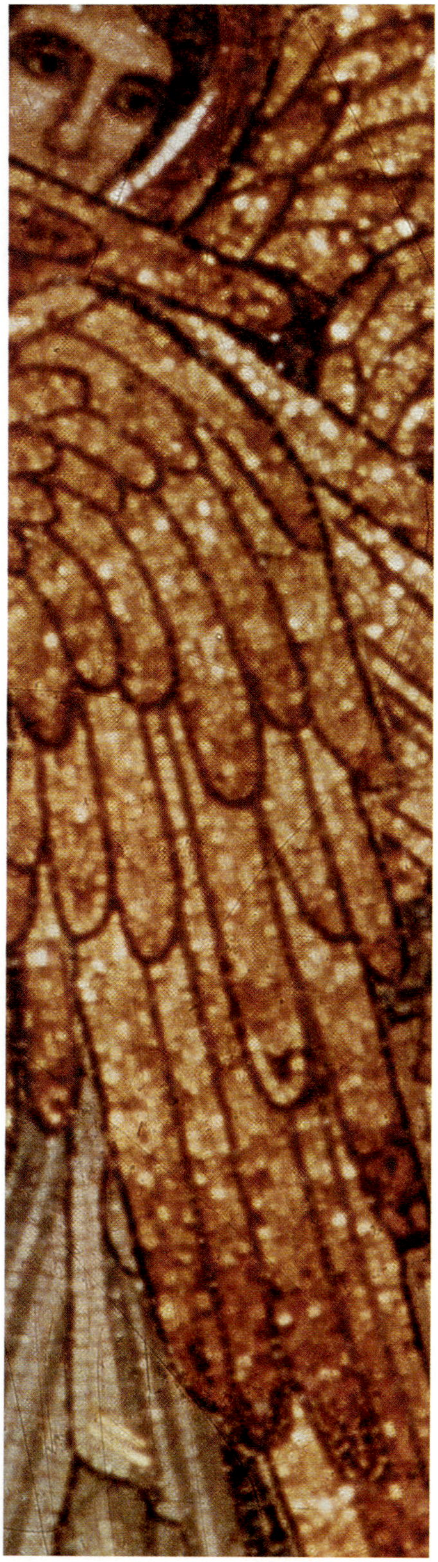

Geordend naar rang bevolken de hemelse heerscharen de regionen van de zaligen (mozaïek van Edward Burne-Jones, negentiende eeuw).

In onze consumptiemaatschappij zijn engelen – in tegenstelling tot natuurgeesten – alomaanwezig, en niet alleen tijdens de kerstdagen. Hun voortdurende aanwezigheid heeft merkwaardige trekjes ontwikkeld, want de meeste mensen kennen engelen niet van een stille meditatie of een gebed, maar uit de reclame!

Engelen zijn overal

Overal worden wij door engelen aangekeken. Om te beginnen in het klassieke engelendomein: de kerken waar zij afgebeeld staan op plafonds, ramen en altaren. Maar ze zijn ook te zien op chocoladewikkels, boodschappentassen en kaarten. Er bestaat een autoreclame waarin een engeltje en een duiveltje een race rijden. Een befaamd parfum van Thierry Muggler heet 'Angel'. De medewerkers van de Duitse wegenwacht zijn gepromoveerd tot 'gele engelen' en ook telefoonmaatschappijen maken reclame met de gevleugelde goddelijke boden.
Met recht sprak de filosoof Thomas Macho van de 'verbazingwekkende moderniteit van engelen'. Enorm veel mensen, zeker niet alleen katholieken, geloven in engelen. Het lijkt erop dat heden ten dage heel wat mensen een innige, persoonlijke band onderhouden met engelen. Zeker zodra er over 'beschermengelen' wordt gepraat, heeft haast iedereen een bepaalde voorstelling van deze gevleugelde wezens – geen wonder, het zijn de beschermengelen die de goede krachten veelal op een indrukwekkende manier tot uitdrukking brengen. Wie verder kijkt dan de engelen op plastic tasjes en in de kerstboom, wie een echte engel wil

De aartsengel Gabriël, die de geboorte van Christus aankondigde, is een van de belangrijkste hemelvorsten (icoon, veertiende eeuw).

ervaren, een lichtwezen uit goddelijke sferen, wendt zich tot een enorme schat. Het contact met een engel vervult de mens met licht en energie en verbindt hem met zijn goddelijke bron. De gaven van de engelen zijn troost, innerlijke leiding, genezing en het besef van het hogere zelf.
Joseph Beuys vond dat de mens zich 'naar beneden, met de dieren' moest onderhouden. In de vorige hoofdstukken kwamen de geheimen van de natuurgeesten aan bod. Maar Beuys wilde ook dat de mens zich met 'boven, met de engelen' zou verbinden. Feeën helpen de mens zich bewust te worden van zijn aardse oorsprong en zich te verbinden met de krachten van de natuur. Engelen laten ons onze goddelijke oorsprong beseffen, zij verenigen ons met de 'hemel'. Engelen komen van 'boven' – zij wonen in het hemelse rijk en dalen af naar het menselijke bewustzijnsniveau om ons te beschermen en ons goddelijke boodschappen over te brengen. Zij kun-

nen ons ook inspireren en maken het ons mogelijk tot nieuwe inzichten te komen. Het christelijke idee van de hemelse ladder symboliseert het contact tussen mens en God, tot stand gebracht door de engelen.
De ladder die tot in de hemel reikt, overbrugt de afstand tussen het goddelijke en het menselijke niveau. Het is de taak van de engelen het menselijke bewustzijn in te stralen en veranderend te werken en de mens voor te bereiden op de ontmoeting met zijn goddelijke essentie.

Toen had hij een droom: hij zag een trap die op de aarde stond en tot in de hemel reikte. Gods engelen klommen op en neer. En zie, de Heer stond boven en sprak: Ik ben de Heer, de God van uw vader Abraham en de God van Isaäk.

(Genesis 28, 12-13)

Hoog uit de hemel

Het woord 'engel' is afgeleid van het Griekse woord 'angelos' en betekent eenvoudig 'bode'. De woordstam is in veel talen overgenomen, bijvoorbeeld in het Engelse angel, het Italiaanse angelo, het Franse ange of het Russische angel. In het Hebreeuws is het woord voor engel mal'ach, dat ook bode of afgezant betekent. Vandaar dat engelen veelal hemelboden of boden van god worden genoemd. De engelen zijn 'niet van deze wereld'; zij zijn bovenaards. Als dienaren van god treden zij op als bemiddelaar tussen god en de mensen. Engelen vergemakkelijken de communicatie tussen hemel en aarde.

Geconcentreerde energie

De goddelijke boden spelen in veel religies een belangrijke rol, bijvoorbeeld in het jodendom, het christendom en de islam. God stuurt zijn engelen om ons iets belangrijks mede te delen of ons voor een gevaar te waarschuwen. Vaak zijn engelen gepersonifieerde krachten, energieën van liefde, licht of genezing. Het contact met deze energieën kan enorme veranderingen in ons leven teweegbrengen die wel op een 'wonder' lijken.
De energie van de engelen is onvoorstelbaar. Hun uitstralende kracht is vele malen groter dan die van de machtigste elementalen. Al staan de engelen binnen de schepping op de hoogste trede van de persoonsgestalten, zij blijven dienaren van God en zijn dus ondergeschikt.
Volgens de angelologie, de leer van de engelen, zijn de engelen gerangschikt in hiërarchieën.
Hoe stralender de engel, des te hoger is zijn plaats in de rangorde. Essentieel is dat engelen door God worden gestuurd en niet handelen uit eigen wil. Hoewel zij weleens in een menselijke gedaante zichtbaar worden, zijn zij pure lichtwezens. Als vertegenwoordiger van het goddelijke bewustzijn representeren de engelen met name de aspecten liefde, genezing en licht. Wanneer zij in visioenen of dromen verschijnen, treedt het licht meestal op de voorgrond. Vandaar dat men engelen ook 'zonen van het licht' noemt. Maar aangezien engelen zich zowel mannelijk als vrouwelijk voor kunnen doen, zouden zij net zo goed 'dochters van het licht' kunnen heten!

Geschiedenis van de engelen

Het geloof aan engelen is heel oud. In alle tijdperken en culturen werden engelen geëerd en aanbeden. Als boden van God komen ze met name voor in monotheïstische religies. Bij de Parsen vinden wij al naast de ene almachtige God diverse engelen. Hun gevecht tegen de demonen symboliseert het eeuwige gevecht tussen goed en kwaad. De meeste westerse mensen kennen engelen waarschijnlijk uit het christelijke geloof, maar ook in oude culturen zijn al voorstellingen van goddelijke

Nog voor het begin van de wereld stonden engelen bij de troon van God en in het paradijs leefden de mensen samen met de engelen.

boodschappers die sterk lijken op ons beeld van engelen. Daarom volgt nu wat uitleg over de 'voorouders' van de engelen.

Hemelboden uit oude culturen

Uit archeologische vondsten blijkt dat mensen 5000 jaar geleden al in engelen geloofden. Het is aannemelijk dat engelenervaringen al veel langer bestaan. Voor het eerst vinden wij de gevleugelde goddelijke boden bij de Soemeriërs en de Babyloniërs. Afbeeldingen van merkwaardige fabelwezens getuigen van pogingen de bovenmenselijke sfeer vast te leggen. Op een 4000 jaar oude Soemerisch rolzegel staat een zwevende adelaar met een leeuwenhoofd afgebeeld. Latere schilderingen uit Mesopotamië laten gevleugelde wezens zien met een mensenhoofd op het lichaam van een leeuw.
Op een Assyrische rolzegel uit 1200 v.Chr. staat een vrouwelijke geest met vleugels die al meer op onze voorstelling van engelen lijkt. Zo'n 400 jaar later vinden wij Babylonische rolzegels met wezens die lijken op cherubijnen – mannelijke goden met vier vleugels.

Engelen uit de vroege oudheid

De Assyriërs kenden eigenaardige wezens met het lichaam van een leeuw, adelaarsvleugels, stierenpoten en een menselijk gelaat. Zij bewaken tempels en paleizen. In Salomons tempel waken twee gevleugelde cherubijnen over de heilige wetten op de stenen tafelen. Een van de eerste beschermgeesten die men in de oude Oriënt vereerde, was de genius, een engelachtige geest, half mens, half dier, een bekoorlijk wezen dat later ook door de Romeinen werd aanbeden. Assyrische reliëfs uit de zevende eeuw v.Chr. laten interessante afbeeldingen van geniën zien.
Ook in de Griekse en Romeinse mythologie komen op engelen lijkende wezens voor. Hoewel de toenmalige goden hoofdzakelijk natuurgeesten representeerden, lijken zij toch ook verwantschap te tonen met engelen.

Engelen zijn diep geworteld in onze culturele geschiedenis. De Soemeriërs en de Babyloniërs geloofden al aan de gevleugelde boodschappers van de goden.

Hermes was een goddelijke bode uit de oudheid. Met zijn gevleugeld schoeisel kon hij bliksemsnel naar de aarde reizen (fresco uit de Würzburger residentie).

Goddelijke boden uit de oudheid

De Grieken vereerden Hermes als goddelijke bode. Behalve het overbrengen van goddelijke boodschappen had hij ook als taak overledenen naar de onderwereld te begeleiden. In die zin lijkt Hermes op de doodsengel, wiens taak het is de menselijke ziel na het overlijden te vergezellen. Naast Hermes is Iris een belangrijke figuur uit de Griekse mythologie. Als godin van de regenboog is zij weliswaar een representant van de luchtgeesten, maar ook zij brengt de goddelijke wil over naar de mens. Zij wordt afgebeeld als een mooie, gevleugelde vrouw met een aureool, waarmee zij overduidelijk ook het niveau van de engelen symboliseert.

Romeinse beschermgeesten

De Romeinen waren ervan overtuigd dat ieder mens een beschermgeest heeft, die hem door het leven geleidt. In het oude Rome werd deze voorloper van de beschermengel

De profeet Mohammed reisde op de merrie Boerag en begeleid door de aartsengel Gabriël door de hemel en de hel (miniatuur uit 1436).

'genius' genoemd. Er bestonden nog veel meer godheden, engelachtige wezens die de mensen in moeilijke situaties terzijde stonden. Vrouwen riepen tijdens hun bevalling het lichtwezen Lucina aan. Lucina betekent 'aan het licht brengende'. De beschermgodin Rumina was verantwoordelijk voor de voeding van de pasgeborenen. Zo was er voor elke levensfase een geestelijk wezen dat de mens tegen ongeluk beschermde.

Egyptische beschermgoden

Oude volkeren voelden al dat zij door een hemelse energie werden beschermd. Uiteraard werden de dragers van deze energie uiteenlopend beschreven, afhankelijk van tijd en cultuur, als geesten, deva's, goden of engelen.
Anders dan de Grieken en Romeinen vereerden de Egyptenaren 'gevederde wezens', die ook het hemelse niveau representeerden. In deze cultuur werden de zielen van de overledenen afgebeeld als een soort mengwezen van vrouw en vogel. Veel Oud-Egyptische kunstwerken laten beschermgoden zien als wezens met vleugels. De sarcofaag van de Egyptische heerser Toetanchamon is versierd met de beeltenis van de gevleugelde godin Isis.
Behalve Isis komen op Egyptische sarcofagen nog andere gevleugelde of gevederde wezens voor, bijvoorbeeld Nechbet en Wadjet, die hun vleugels beschermend om de stenen doodskist leggen. Ook beschermengelen spreiden hun vleugels uit over de mens om hem tegen gevaren te beschermen.

Lichtwezens in de religies

In het christendom spelen de engelen een centrale rol waar wij nog op terug zullen komen. Maar ook andere religies berichten over engelen – waarbij het opvalt dat het vooral om monotheïstische religies gaat. Waar niet langer meerdere goden worden aanbeden, maar één almachtige God, heeft de mens behoefte aan een concrete voorstelling. Het is moeilijk je over te geven aan een abstracte, verre Schepper. Veel makkelijker is het zich aan de engelen te wijden. Zij zijn een manifestatie van het goddelijke en ondanks hun etherische wezen zijn engelen voor mensen binnen bereik en te bevatten. Ook het jodendom is een monotheistische religie: Jahwe is de enige god en ook hij is omgeven door een hemelse engelenschare. De islam nam deze voorstelling over van het joden- en christendom. Allah, zoals God in de islam wordt genoemd, schiep Israfel, de brandende, stralende engel die zowel de engel van de dood als van de geboorte is. In de koran wordt gesproken over de mala ka, beschermengelen die dicht bij de mens staan. Aartsengel Gabriël heeft een centrale rol, aangezien hij Mohammed in de droom is verschenen en hem opriep het profeetschap op zich te nemen.
In polytheïstische religies worden de engelen meestal gerepresenteerd door bepaalde godheden. Het hindoeïsme kent tal van goden, waaronder ook gevleugelde wezens zoals de deva's en de kimpurusha's. Ook in de indiaanse natuurreligies zijn engelenvoorstellingen te vinden, bij de sjamanen van Tibet en Mongolië en in het soefisme, de mythische scholen van de islam. In het Chinese taoïsme werden de verlichten beschreven, 'zwevend op de wolken en rijdend met de wind'. Deze wijzen van de taoïsten vertonen overeenkomst met de hemelse wezens die wij engelen noemen.

> **ZARATHUSTRA**
>
> De Perzische profeet Zarathustra leefde rond 700 v. Chr. en wordt als grondlegger van het parsisme beschouwd. Hij noemde de hoogste heerser Mazda en hij schreef hem zeven aartsengelen toe om hem bij het gevecht tegen het kwade te helpen. De engelen van Zarathustra representeren het principe van het goede en hij schreef voor hen eenentwintig lofzangen.

Engelen in de bijbel

Op meer dan drieduizend plaatsen in de bijbel is sprake van engelen. Op blz. 57 hadden we het al over de engelen op de hemelse ladder van Jakob. In het Oude Testament treden de engelen met name op als boodschappers van God (Genesis 19, 1; Psalmen 103, 20) en als zonen van God (Job 1, 6). Vooral de aartsengelen Michaël (Daniël 10, 13), Gabriël (Daniël 8, 16) en Rafaël (Tobit 3, 16) worden veelvuldig genoemd.
Ook in het Nieuwe Testament komen engelen voor. Hier worden zij voor het eerst concreet beschreven in de rol van beschermengelen. Uiteraard is ook Jezus steeds weer omgeven door engelen die hem beschermen, inspireren en bemoedigen. In het bijzonder in de passages

De aartsengel Gabriël brengt Maria de blijde boodschap over de geboorte van de zoon van God (icoon uit de veertiende eeuw uit Ohrid).

over de wederopstanding wordt veel gesproken over beschermengelen. De bijbelse engelenverhalen zijn vooral interessant omdat zij op een concrete manier van engelen getuigen en een goed inzicht in het wezen van de engel geven. Zij dragen bij aan het vermogen engelen intuïtief te begrijpen.
Een indrukwekkende beschrijving over engelen staat in het boek Daniël. De profeet Daniël werd door een engel uit de leeuwenkuil gered en heeft veel openbaringen gehad waarin hij steeds weer engelen ontmoette.

DANIËL IN DE LEEUWENKUIL
'Toen ik mijn ogen opsloeg zag ik een man staan, in linnen gekleed en met een gordel van het fijnste goud om de lendenen. Zijn lichaam leek op topaas en zijn gelaat lichtte als de bliksem; zijn ogen waren vurige fakkels, zijn armen en benen glansden als gepolijst brons en zijn stem was zo luid als het geschreeuw van een grote mensenmenigte. Alleen ik, Daniël, zag die verschijning; de mannen die bij mij waren zagen ze niet, maar wel overviel hen een hevige angst; ze sloegen op de vlucht en verborgen zich.'

(Daniël 10, 5-7)

Redder in de nood

In het Oude Testament vinden wij een uitgebreide engelenopenbaring in het verhaal van Tobit (Tobit 5, 10vv). Tobit wordt achtervolgd door het ongeluk, verliest zijn hele hebben en houden en wordt ook nog eens blind. Zijn ellende duurt voort totdat God hem Rafaël als beschermengel stuurt. Rafaël doet zich voor als een ver familielid en om die reden vertrouwt Tobit hem zijn zoon Tobias toe. Vanaf dat moment verandert alles ten goede. Rafaël zorgt ervoor dat Tobias een echtgenote vindt en geeft hem een middel waarmee hij zijn blinde vader kan genezen. Daarmee redt hij het gezin uit de nood.

Redding uit het gevaar

In het Nieuwe Testament treden engelen ook op als redder uit het gevaar, bijvoorbeeld in de Handelingen van de Apostelen waarin Petrus door een engel uit de gevangenis werd bevrijd: 'Terwijl Petrus in de gevangenis zat, werd door de kerk vurig voor hem tot God gebeden. In de nacht voordat Herodes hem wilde laten voorgeleiden, lag Petrus met twee kettingen vastgebonden te slapen tussen twee soldaten, terwijl ook voor de poort wacht werd gehouden. Opeens stond een engel des Heren bij hem en was de cel hel verlicht. Hij stootte Petrus in de zij en sprak: Sta vlug op! Meteen vielen de kettingen van zijn handen.' (Handelingen 12, 5-7) 'Hij ging mee naar buiten zonder nog te beseffen dat het werkelijkheid was wat de engel deed; hij meende een visioen te zien.' (Handelingen 12, 9). Petrus volgde de engel en schreed met hem voorbij de wachtposten door de ijzeren poort de stad in. Op dat moment ontwaakte hij uit zijn droomtoestand: 'Toen kwam Petrus tot zichzelf en zei: Nu weet ik zeker dat de Heer zijn engel heeft gezonden en mij heeft ontrukt aan de macht van Herodes en aan alles wat het volk van de Joden verwachtte.' (Handelingen 12, 11)

De leeuwen konden de profeet Daniël geen kwaad doen omdat hij door een machtige engel werd beschermd (Byzantijns mozaïek).

De geboorte van Christus

Echte engeltaken zijn het beschermen van mensen, hen bijstaan in de nood en het verkondigen van hemelse boodschappen. In het evangelie van Lucas wordt beschreven hoe een engel het nieuws van de geboorte van Christus aan de herders bracht. Maria had zojuist het kindje Jezus gebaard en in een krib gelegd: 'In de omgeving bevonden zich herders die in het open veld hun kudde bewaakten. Plotseling stond een de engel des Heren voor hen en zij werden omstraald door de glorie des Heren, zodat zij door grote vrees werden bevangen. Maar de engel sprak tot hen: Vreest niet, want zie, ik verkondig u een vreugdevolle boodschap die bestemd is voor het gehele volk. Heden is u een Redder geboren, Christus de Heer, in de stad van David.' (Lucas 2, 8-11)
De geboorte van de verlosser was een dermate ingrijpende en belangrijke gebeurtenis, dat God voortdurend engelen naar de aarde stuurde om de mensen innerlijk voor te bereiden.

De engelen laten zich aan slechts weinigen van aangezicht tot aangezicht zien. Visionairs, zieners en heiligen berichten over overrompelende ontmoetingen met engelen.

Uiteraard verscheen de engel ook aan Jozef en Maria. Toen Jozef moest erkennen dat zijn verloofde Maria in verwachting was, hoewel zij nog niet 'bij elkaar waren gekomen', overwoog hij van haar te scheiden. 'Omdat Jozef, haar man, rechtschapen was en haar niet in opspraak wilde brengen, dacht hij erover in stilte van haar te scheiden. Terwijl hij dit overwoog, verscheen hem in een droom een engel van de Heer die tot hem sprak: Jozef, zoon van David, wees niet bevreesd Maria, uw vrouw, tot u te nemen; het kind in haar schoot is van de Heilige Geest. Zij zal een zoon ter wereld brengen die gij Jezus moet noemen, want hij zal zijn volk redden uit hun zonden. Dit alles is geschied opdat vervuld zou worden wat de Heer gesproken heeft door de profeet, die zegt:...' (Matteüs 1, 19-22) 'Ontwaakt uit de slaap deed Jozef zoals de engel van de Heer hem had opgedragen en nam zijn vrouw tot zich.' (Matteüs 1, 24)

Helper in de nood

Dit verhaal toont ons nog een interessante eigenschap van de engelen: zij verschijnen bij voorkeur wanneer wij voor een belangrijke beslissing staan. Uiteraard werd ook Maria zelf voorbereid op de geboorte van Jezus. Het evangelie van Lucas verhaalt hoe God de aartsengel Gabriël naar Nazareth, naar de maagd Maria stuurt en de engel voor haar verschijnt: 'Maar de engel zei tot haar: Vrees niet, Maria, want gij hebt genade gevonden bij God. Zie, gij zult zwanger worden en een zoon ter wereld brengen, die gij de naam Jezus moet geven.' (Lucas 1, 30-31)

Trooster in het verdriet

In talloze voorbeelden laat de bijbel zien hoe engelen in contact treden met mensen. Hierna volgt nog een fragment uit het einde van het paasverhaal in het evangelie van Johannes, omdat het aanschouwelijk maakt dat de engel niet alleen als boodschapper van God en als beschermengel optreedt, maar ook als gever van troost verschijnt.
Na de begrafenis van Jezus ontdekt Maria Magdalena dat het graf leeg is: 'Maria stond buiten bij het graf te schreien. En al schreiend boog zij zich naar het graf toe en zag op de plaats waar Jezus' lichaam gelegen had twee in het wit geklede engelen zitten, een aan het hoofdeinde en een aan het voeteneinde. Zij spraken haar aan: Vrouw, waarom schreit ge? Zij antwoordde: Zij hebben mijn Heer weggenomen en ik weet niet waar zij hem hebben neergelegd. Toen zij dit gezegd had, keerde zij zich om en zag Jezus staan...' (Johannes 20, 11-14)

Mystieke engelenvisioenen

In alle tijden zijn er mensen geweest die berichtten over wonderlijke belevenissen met engelen, niet alleen in de bijbel. Veel sensitieve mensen – visionairs, heiligen en zieners – bezitten de gave engelen te zien voor hun innerlijk oog. De getuigenissen van mystieke engelenervaringen laten zien dat engelen op een zeer aangrijpende wijze indringen in het menselijke bewustzijn. Dat betekent niet dat onze ontmoetingen met engelen net zo sensationeel zullen zijn als de ervaringen van Hildegard von Bingen en Emanuel Swedenborg. Meestal is de stem van een engel zacht, ingehouden en weinig opzienbarend. Indien wij totaal onvoorbereid intense engelenvisioenen zouden beleven, zou voor de meesten van ons erg verwarrend en angstaanjagend zijn. Daarom is het maar goed dat zulke intense, mystieke engelenervaringen alleen zijn weggelegd voor mensen die er terdege op voorbereid zijn door een ascetische leefwijze en een buitengewone aanleg.

Van aangezicht tot aangezicht

Er bestaan enorm veel meer of minder geloofwaardige verhalen over contacten met engelen. Een belangrijke persoonlijkheid die jarenlang met engelen te maken had, was Jeanne d'Arc (1412-1431). Zij beleefde al op haar dertiende jaar een engelenverschijning. Zij had contact met de aartsengel Michaël. Hij lichtte

Engelen kunnen zich in allerlei gedaanten vertonen, maar zij openbaren zich altijd als een lichtende verschijning met een bovenaardse schoonheid.

haar in over haar goddelijke opdracht om Frankrijk te bevrijden van de heerschappij van de Engelsen en de rechtmatige koning naar zijn kroning te leiden. Tijdens haar proces beschrijft Jeanne d'Arc haar ervaringen aan de rechter: 'Toen ik dertien jaar was, hoorde ik de stem van God, die mij leidde. De eerste keer was ik doodsbang. De stem kwam tegen het middaguur, het was zomer en ik bevond mij in de tuin van mijn vader en had de dag tevoren gevast... Meestal werd de stem begeleid door een groot licht. Het licht kwam van dezelfde kant als de stem... Ik wist dat het de stem van een engel was. Deze stem wees mij steeds de juiste weg...'
Mystici, wijzen en zielenonderzoekers hebben zich verdiept in de macht van de engelen, onder meer Thomas van Aquino, Hildegard von Bingen, Jakob Lorber, Emanuel Swedenborg en Rudolf Steiner en in Nederland de arts H.C. Moolenburgh. Hun kennis kan ons van pas komen bij het zelf contact maken met engelen. Zij laten ons zien in welke gedaanten engelen zich aan mensen kunnen openbaren.

De engel van de liefde

De natuuronderzoeker en theosoof Emanuel Swedenborg (1688-1772) had intense engelenvisioenen waarover hij schrijft: 'Alle engelen zijn in menselijke gedaante gehulde gevoelens van liefde. De liefde straalt uit hun ogen en ook hun kleding komt overeen met deze uitstraling. In de hemel komt ieders kleding overeen met hetgeen zij toegewijd zijn.'
Swedenborg beschrijft de engelen heel concreet. Een mannelijke engel beschreef hij als volgt: 'De engel was deels jongeling, deels man. Uit zijn ogen straalde licht dat voortkwam uit de wijsheid van de liefde. Zijn gelaat werd van binnenuit verlicht, het licht straalde door zijn huid naar buiten toe, zodat die leek te glanzen...'
De bekendste mystica uit de Middeleeuwen, Hildegard von Bingen, vertelde in haar geschriften buitengewoon helder over de engelen die in haar visioenen verschenen.

In het eerste koor hadden zij vleugels die aan de borstkas groeiden, menselijke gezichten weerspiegelden zich in hun gelaat als in helder water. Ook in het tweede koor hadden zij vleugels aan de borstkas en menselijke gezichten, waarin ook de verschijning van Gods zoon afstraalde...
Als een krans omsloten deze twee koren de vijf overige koren. De wezens van het eerste koor hadden een menselijk gelaat en straalden vanaf de schouders naar beneden in een lichte glans. Degenen van het tweede koor hadden zo'n lichte heerlijkheid dat ik niet naar ze kon kijken. De engelen van het derde koor zagen eruit alsof zij van wit marmer waren gemaakt, hun hoofden leken menselijk. Boven hun hoofden laaiden vlammen op, hun lichamen waren gehuld in zilverkleurige wolken...

HILDEGARD VON BINGEN
(1098-1179)

Mystieke ontmoetingen met engelen

Ook de mysticus Jakob Lorber (1800-1864) heeft veel over engelen geschreven. Vanaf zijn veertigste levensjaar kreeg hij goddelijke openbaringen, die hij beschreef in zijn belangrijkste werk, de Nieuwe Openbaringen. In dat boek maakt hij korte metten met de misverstanden die het begrijpen van de engelen in de weg staan. Zo schreef hij eens: 'Zijn jullie werkelijk van mening dat God Adam uit het paradijs liet verja-

Hildegard von Bingen, de begaafde zieneres uit de Middeleeuwen, had veelvuldige ontmoetingen met engelen. Zij heeft de boden van God minutieus beschreven.

gen door een engel met een vlammend zwaard in zijn rechterhand? Ik zeg u: Dat kan Adam als een verschijning voorgespiegeld zijn, maar dit was alleen maar een afbeelding van wat zich afspeelde in Adam zelf...' Nog veel meer mystici en heiligen vertellen over opmerkelijke verschijningen van engelen, onder meer Franciscus van Assisi, Teresa Palminota, Gitta Mallasz en Therese Neumann. Extreme ervaringen met engelen zijn niet bepaald iets om na te streven, maar ze komen toch regelmatig voor. Ook doodgewone mensen met gevoel voor het bovenaardse hebben kleurrijke verhalen over hun lotgevallen met engelen en lichtwezens; niet alleen plattelandsvrouwen uit de Alpen, maar ook bewoners van grote steden. Het is wel opvallend dat er meer vrouwen dan mannen zijn die engeldromen en -visioenen hebben beleefd. Misschien weten vrouwen hun sensitiviteit en zevende zintuig beter te gebruiken dan mannen.

Afbeeldingen van engelen in de kunst

Kunstenaars zijn vaak buitengewoon ontvankelijk voor het bovenaardse. Al zien zij engelen niet in levenden lijve zoals sommige heiligen en zieneressen, toch hebben zij in hun hoofd een helder beeld dat zij vervolgens zichtbaar maken in hun werken. Er bestaan duizenden afbeeldingen van engelen, afkomstig uit alle periodes. Aangezien het beeld van de hemelse boden afhangt van de achtergrond van de heersende cultuur, verschillen de sculpturen en schilderijen aanzienlijk. Byzantijnse meesters schilderden engelen als waardige, op standbeelden lijkende gedaanten uit de hogere sferen – ongenaakbaar en eerbied afdwingend. Later kregen de engelen steeds menselijker trekken.
In het vroege christendom kregen ze een vorm naar het voorbeeld van de geniën. Aanvankelijk werden de hemelse boden afgebeeld als man en zonder vleugels. Pas aan het begin van de vijfde eeuw kregen de christelijke engelen in de kunst voor het eerst vleugels. Afbeeldingen uit die tijd laten meestal engelen zien die gekleed zijn in witte, eenvoudige gewaden. In de Byzantijnse kunst werden engelen vaak met pracht en praal afgebeeld; zij droegen kleding die aan het hof gebruikelijk was, een purperen mantel en een lichtblauw onderkleed. In de Middeleeuwen kregen de engelen steeds meer menselijke trekjes: door hun uitgesproken mimiek lijken zij emotionele wezens, die afhankelijk van de situatie een ernstige, blije of bedroefde indruk maken. Op de schilderijen en fresco's van de Italiaanse kunstenaars Giotto (1266-1337) en Duccio (1255-1319) zien wij stralende, wonderschone, prachtige engelen. Vanaf de late gotiek en de vroege Renaissance ging men steeds vaker ook lieftallige, vrouwelijke engelen afbeelden. De Duitse kunstschilder Stefan Lochner (ca. 1410-1451) en zijn tijdgenoten schilderden vrouwelijke engelen die een harp bespeelden. Een engelenschilder uit de vroege Renaissance verwerkte zijn lievelingsonderwerp zelfs in zijn naam: Fra Angelico (1400-1455) was beroemd om zijn schitterende engelenafbeeldingen.
Later zijn als representanten van het engelenrijk steeds vaker kindergedaanten zien. De barokke engelen zijn overbekend: de bazuinspelende engeltjes met bolle wangen die in kerken het plafond sieren.
Dichter bij de moderne tijd worden de afbeeldingen van engelen steeds persoonlijker, geheel naar de impressie van de kunstenaar.
Op veel schilderijen uit de achttiende en negentiende eeuw komen beschermengelen voor, afgebeeld als transparante lichtwezens. Als er gevaar dreigt, dalen zij af naar de aarde. Met name William Blake (1757-1827) heeft veel engelen geschilderd. Zijn artistieke creaties werden sterk beïnvloed door zijn mystieke belevenissen.

Moderne afbeeldingen van engelen

Marc Chagall (1887-1985) liet een schat aan engelenbeeltenissen na. Hij liet zich inspireren door de Oost-Europese joodse geloofsmystiek. Chagall had visionaire dromen, die hij in zijn schilderijen verwerkte. Doeken zoals De geschilderde droom, Jakobs droom van de hemelladder of Abraham en de drie engelen getuigen hiervan. Ook Paul Klee (1879-1940) schilderde inspirerende engelenbeelden, zoals bijvoorbeeld Engel tussen schoolkinderen, Vergeetachtige engel en Engel vol hoop. De doeken van Klee zijn doordrongen van poëzie en fijngevoelige humor, hij was een meester in symbolische afbeelding. Uiteraard heeft het thema 'engelen' nog meer kunstenaars geïnspireerd, van Michelangelo tot Joseph Beuys. Er bestaan mooie kunstverzamelwerken waarin een selectie van engelenafbeeldingen uit alle tijdvakken wordt gepresenteerd. Het is zeker de moeite waard om eens zo'n boek in te kijken.

'Miljoenen geestelijke wezens lopen ongezien op aarde rond, of wij nu waken of slapen', aldus John Milton, een dichter uit de zeventiende eeuw.

De engelenhiërarchie

Sinds mensenheugenis twisten geleerden over het aantal engelen. In de Openbaringen staat dat er 'tienduizenden tienduizenden en duizenden duizendtallen' zijn. In het boek

Jezus werd op aarde bijgestaan door engelen die hem behoedden tijdens zijn levensloop (fresco van Giotto, Padua 1305).

Daniël lezen wij dat het er 'duizend maal duizenden en tienduizend maal tienduizenden' zijn – dus ongeveer evenveel. De Dominicaan Albertus Magnus, de leermeester van Thomas van Aquino schatte hun aantal op vier miljard, terwijl de joodse kabbala een getal noemt van precies 301.655.722 engelen.

> *'De edelsten van alle schepselen zijn de engelen, ze zijn puur geestelijk en hebben geen lichaam. Van hen bestaan er talloze; meer dan alle belichaamde dingen bij elkaar geteld.'*
>
> *MEESTER ECKHART*
> *(ca. 1260-1328)*

Hoe dan ook, het zijn er zeer veel. Uitgaande van dit onafzienbare aantal ligt het voor de hand om de hemelse scharen te ordenen. De eerste die deze orde uitwerkte was Dionysius Aeropagita (ca. 100 na Chr.). De engelenhiërarchie die hij vaststelde geldt nog steeds als de klassieke indeling.

Indeling van de lichtwezens

Het is menselijk het niet-bevattelijke door indelen begrijpelijker te willen maken. Maar ook al is het directe mystieke inzicht de bron van de engelenhiërarchie: goddelijke visioenen spelen zich alleen af binnen het menselijke bewustzijn – maar wel onder invloed van de tijdgeest en de heersende cultuur! Ook Dionysius moest toegeven dat zijn indeling van de engelen in een systeem niet meer dan een hulpmiddel is, een model waarin hij naar eer en geweten zo goed mogelijk heeft samengevat wat hij uit de heilige schrift te weten is gekomen. Hij schreef: 'Te weten hoeveel engelenorden er bestaan, van welke aard zij zijn en hoe de hiërarchie in elkaar steekt, dat is naar mijn mening slechts voorbehouden aan het achterliggende goddelijke oerprincipe...' Wij willen toch even aandacht besteden aan de engelenhiërarchieën, aangezien hierin belangrijke inzichten over het wezen van de engelen vervat zijn.
De indeling van de engelen in koren laat zien dat niet alle engelen gelijk zijn, dat zij niet allen op hetzelfde vlak werken. Sommigen hebben een bijzonder lichtende uitstraling en kunnen met hun enorme energieën het wereldgebeuren sterk beïnvloeden. Anderen hebben een zeer nuttige en belangrijke taak als persoonlijke beschermengel, maar zij hebben veel minder invloed op universele processen.
De engelenhiërarchie kunt u zien als inspiratiebron. Door u hierin te verdiepen kunt u zich voorbereiden op een ontmoeting met engelen, als u maar niet probeert aan zo'n model regels en wetmatigheden te ontlenen.

ENGELENKOREN

Dionysius Aeropagita onderscheidde drie hoofdgroepen:

- Bovenste triade
  Engelenkoren: serafijnen, cherubijnen, tronen
- Middelste triade
  Engelenkoren: heerschappijen, machten, krachten
- Onderste triade
  Engelenkoren: overheden, aartsengelen, engelen

Serafijnen

De serafijnen staan op de hoogste trede van de engelenhiërarchie. Hun naam is afgeleid van het Hebreeuwse woord 'saraph', wat betekent 'brandend'. Daarom heten serafijnen ook 'de vurigen' of 'de brandenden'.

De serafijnen met hun zes vleugels behoren tot de bovenste engelentriade. Dante noemde hun bestaan 'de aanwezigheid van de vrienden van God' (koepelmozaïek in de dom van Cefalù, twaalfde eeuw).

Deze afbeelding van de hogere engelenhiërarchie blinkt uit door haar koninklijke waardigheid en schoonheid (wandtapijt van Edward Burne-Jones, 1894).

Bovendien zit in hun naam ook het Hebreeuwse 'ser' (=beschermengel) en 'rapha' (=genezer).
De profeet Jesaja beschrijft in het Oude Testament de serafijnen als hemelse wezens met zes vleugels (Jesaja 6, 2-6). De serafijnen bewaken Gods troon en representeren licht, liefde en zuiverheid.
De zang van de serafijnen symboliseert de oerklank van het universum. In de veda's staat: 'In den beginne was de klank'. Serafijnen speelden een belangrijke rol in het scheppingsproces. Hun boodschap aan de mensen luidt: 'Laat je innerlijke licht stralen en zet je in voor andere mensen.'

Cherubijnen

In het Oude Testament worden de cherubijnen genoemd als wachters van de hof van Eden (Genesis 3, 24). Veel kunstenaars werden geïnspireerd door de gedetailleerde, maar ook vreeswekkende beschrijving van de cherubijnen door de profeet Ezechiël (Ezechiël 1, 4-28; 10, 3-22). De meeste afbeeldingen van cherubijnen zijn beïnvloed door de Oud-oriëntaalse mystiek. Zij tonen de wachters van de hemelse troon als engelen met vier hoofden: een van een leeuw, een van een stier, een van een adelaar en een mensenhoofd. De aard van de eigenlijke cherubijnen heeft niets te maken met deze Assyrische godheden. De cherubijnen representeren wijsheid en inzicht. Het woord 'cherubijn' betekent 'rijkdom van de wijsheid' of 'overdragen van inzichten'. Bovendien betekent de Hebreeuwse woordstam 'cherub' ook 'hij die een pleidooi houdt'.
In de bijbel staat te lezen dat de cherubijnen tevergeefs bij God hebben gepleit voor Adam, voor zij hem uit het paradijs moesten verdrijven. De cherubijnen hebben vier vleugels die de vier elementen symboliseren. Net als elementalen beïnvloeden engelen de natuur, maar vooral dragen zij de goddelijke wijsheid over op andere wezens. De boodschap van de cherubijnen aan de mensheid luidt: 'Leef in harmonie en deel je inzichten met andere mensen.'

Tronen

Het Hebreeuwse woord voor tronen is 'gagallin' en betekent 'groot wiel'. Ezechiël beschrijft ze als vurige raderen (Ezechiël 1, 15-20). Het rad symboliseert de eeuwige kringloop van geboorte, leven, dood en wedergeboorte. De tronen zijn de engelen van de levensenergie en de kosmische wil. De term 'troon' duidt er voorts op dat deze engelen zich in de directe nabijheid van God bevinden en hem steunen. Tronen worden veelal afgebeeld met een kroon, zittend op een wolk. De tronen hebben grote invloed op de levensenergie van de mens en kunnen zijn wil ten goede keren. De boodschap van de tronen aan de mensen luidt: 'Zet je levensenergie en wilskracht in om de goddelijke plannen te ondersteunen. Volg je innerlijke roeping.'

Een motief in de vroeg-christelijke kunst: Christus op de troon, omgeven door heerschappijen (S. Apollinare Nuovo in Ravenna, zesde eeuw).

Heerschappijen

Op de bovenste trede van de tweede triade staan de heerschappijen. Zij zijn heerser en bestuurders van de wereld. Daarom worden zij vaak afgebeeld met een scepter. De heerschappijen bezitten een koninklijke waardigheid, maar zij heersen niet op tirannieke wijze. Zij volgen het goddelijk plan en oefenen hun heerschappij altijd zo uit dat zij zich 'altijd geheel wijden aan de Waarachtige' (Dionysius Aeropagita). De belangrijkste engelen uit deze groep zijn Zadkiël, Chamaël en Yahriël. De

De engelen helpen de gelukzaligen, zodra zij opgenomen worden in de hemel, zich te ontdoen van alle aardse lasten ('Het laatste oordeel' van Hans Memling, 1471).

energie van deze heerschappijen of kyriotètes is pure genade. Ze vergeven alles en brengen de goddelijke genade naar de aarde. Hun boodschap aan de mensen luidt: 'Word tot heerser over jezelf. Laat lagere emoties, driften en zinnelijke begeerten je geestvermogen niet vertroebelen. Vergeef allen die je gekwetst hebben.'

Krachten

De krachten vormen de middelste groep van de tweede triade. Ze worden ook dynameis genoemd, wat ook 'krachten' betekent en voorts worden zij 'de lichtenden' genoemd. De energie van deze groep beïnvloedt direct het menselijke niveau. De aartsengel Michaël heerst over deze krachten. Zij lijken op de beschermengelen, want net als deze ondersteunen zij het goede en helpen in noodsituaties. Bovendien bezitten zij nog een andere gave: de dynameis kunnen gebeurtenissen bewerkstelligen die wij hier op aarde 'een wonder' noemen. De krachten representeren de mannelijke energie en zij schenken nieuwe moed. Hun boodschap aan de mensen luidt: 'Bevrijd je van angsten en wantrouwen. Heb de moed je ware aard te erkennen en vertrouw op de goddelijke leiding.'

Machten

Het engelenkoor der machten wordt nogal eens verward met de krachten, omdat ook zij soms dynameis worden genoemd. Maar eigenlijk heten zij exousiai en in de bijbel heten zij elohim.
De machten staan op de drempel tussen de eerste en tweede triade. Zij hebben als taak de hemelse sfeer te beschermen tegen de negatieve invloeden van de aardse sfeer. Daarom worden zij ook 'hoeders van de grens' genoemd en zijn ze soms afgebeeld met een zwaard.
Volgens Dionysius Aeropagita is het hun taak 'de lager staande wezens welwillend naar boven te geleiden'. De belangrijkste engel van de machten is Chamaël. De machten zorgen dat het kwade in de menselijke ziel geen overhand krijgt. Hun boodschap aan de mens luidt: 'Hoed je voor demonische invloeden. Bewaar je innerlijke vrijheid en richt je blik op het licht.'

Vorstendommen of overheden

De derde triade wordt gevormd door de vorstendommen of overheden, de aartsengelen en de engelen. De engelen van deze triade staan dichter bij de mens dan degenen uit de bovenste twee triaden. Meestal stellen wij ons engelen voor zoals deze van de onderste triade, aangezien zij zich kunnen laten zien in een mensachtige gedaante. De overheden noemt men ook archai of oerkrachten. Zij beschermen de volkeren en de religies en bevorderen de ontwikkeling van de mens. Zij representeren het denkvermogen, de geestelijke energie en het bewustzijn. De belangrijkste engel van dit koor is Anaël, een van de zeven aartsengelen. Hij heet ook wel Emanuël en is de aartsengel van de barmhartigheid en de liefde.
De boodschap van de overheden aan de mensen luidt: 'Erken dat je een geestelijk wezen bent, ook al ben je bekleed met een lichaam. Betreed het rijk van de pure geest, waarin de helende stilte heerst.'

Denk aan Michaël wanneer je 's morgens opstaat en een vrolijke dag zal je worden gegeven (engelengebed uit de negende eeuw).

Aartsengelen

Al staan de aartsengelen ofwel de archangeloi binnen de hiërarchie relatief laag, voor de mens hebben zij evenwel een bijzondere betekenis. Daar komen we nog op terug.

Engelen

De 'gewone' engelen of angeloi staan in direct contact met de mensen. Daarom is de term 'hemelboden' bij uitstek op hen van toepassing. Zij zorgen niet alleen voor het contact tussen God en de mens, maar ook tussen de mens en de engelen van de hogere sferen. Het is wat verwarrend dat Dionysius Aero-

Mystici berichten steeds weer over de bovenaards mooie zang van de engelenkoren in het paradijs (het Gentse altaar van Jan van Eyck, 1432).

pagita de onderste klasse van zijn hiërarchie 'engelen' noemde, want natuurlijk zijn ook de hoger staande lichtwezens zoals serafijnen, machten of overheden net zo goed engelen.
Op dit punt lijkt het systeem van de hiërarchie een beetje onlogisch. Maar aangezien het maar een model is, gaan wij geen spijkers op laag water zoeken. Wat echt telt, is de eigen verbinding met de engelen. De traditionele kennis is belangrijk omdat die ons goede impulsen kan geven. Het gaat er met name om op meditatieve wijze bezig te zijn met de 'zonen en dochters van het licht' en zelf te ervaren.

Het geheim van de aartsengelen

De aartsengelen staan in de hiërarchie boven de dienende engelen. Zij staan dicht bij de mens en beschikken over een enorme energie. De namen van de aartsengelen eindigen allen op het woorddeel 'el', hetgeen 'stralen' of 'schijnen' betekent. Het kan ook 'god' betekenen. In het Oude Testament en in de Apocriefen worden Michaël, Gabriël en Rafaël genoemd als de drie belangrijkste aartsengelen. De overigen zijn Uriël, Jophiël, Zadkiël en Samaël. Zij zijn de gezamenlijke beheerders van de zeven hemelen. In de islam heten de vier aartsengelen Gabriël, Michaël, Azraël en Israfel. In de kabbala worden tien aartsengelen genoemd die overeenkomen met de tien emanaties van de levensboom – Metatron, Raziël, Zaphkiël, Zadkiël, Chamaël, Rafaël, Haniël, Michaël, Gabriël en Sandalphon. Wij zullen hierna ingaan op de vier belangrijkste aartsengelen: Michaël, Gabriël, Rafaël en Uriël.

Michaël

De naam van de aartsengel Michaël is afgeleid van het Hebreeuwse woord 'mikha-el' en betekent: 'Wie is als God?' Michaël vecht tegen het kwaad en de demonen en wordt meestal afgebeeld met een zwaard en een harnas. Hij symboliseert het goddelijke Zelf in de mens. Hij is de machtigste aartsengel en verbindt de mens met zijn goddelijke oorsprong. Hij helpt allen die op zoek zijn naar God. Hij geeft kracht en moed. Michaël is ook degene die de zielen van overledenen zachtjes naar de hemel draagt. Vaak wordt hij afgebeeld met een weegschaal in de

Op de jongste dag zal de aartsengel Michaël goede en slechte daden tegen elkaar afwegen (Guariento de Arpo, 1350-1400).

hand waarmee hij de goede en de kwade daden van de overledenen weegt. Indien u het goede in uzelf wilt versterken, concentreer u dan op de energieën van de aartsengel Michaël. De kracht van Michaël zal u helpen de juiste beslissingen te nemen – het zwaard in zijn hand symboliseert de noodzaak 'de knoop door te hakken' (het zwaard uit de schede trekken). Michaël is de heerser over de zon. Hij kan diepgaande kennis en verlichting schenken.

Gabriël

De naam Gabriël is voortgekomen uit het Hebreeuwse woord 'gavri-el' en betekent 'mijn macht is God'. Gabriël is de klassieke hemelbode, de brenger van goede berichten. Hij verkondigde onder andere de geboorte van Jezus aan Maria. Gabriël wordt vaak afgebeeld met een witte lelie, het symbool van reinheid en spiritualiteit. Ook bestaan er afbeeldingen waarop hij een fakkel in zijn hand houdt, want hij is de heerser over het vuur. Gabriël hoort bij de maanenergie. Hij representeert as-

Toen Lucifers hoogmoed God te ver ging stortte hij hem met de hulp van de aartsengelen in de hel (miniatuur van de gebroeders Limburg, rond 1415).

pecten zoals vruchtbaarheid en reinheid. Indien u zich wilt bevrijden van de beslommeringen van de materiële wereld en in contact wilt komen met de goddelijke macht, concentreer u dan op de energie van Gabriël. Gabriël helpt bij de innerlijke reiniging. Hij werkt inspirerend en stimuleert het krijgen van nieuwe, heilzame ideeën.

Rafaël

De naam Rafaël stamt van het Hebreeuwse woord 'rafa-el' en betekent 'heilige God'. Rafaël is de heilbrenger en zijn symbool is de vis – tevens een symbool voor Christus. Rafaël begeleidt mensen die het moeilijk hebben. Vaak wordt hij afgebeeld met beschermende vleugels en hij is bij uitstek werkzaam als beschermengel. Rafaël beschermt de reizigers en de zieken. Op sommige afbeeldingen staat hij met een flesje balsem, want Rafaël is de engel 'die boven alle ziekten en alle wonden van de mensenkinderen is geplaatst...' (Boek van Henoch). Indien u een genezingsproces wilt activeren, kunt u zich het beste richten op de energie van Rafaël. Rafaël is de engel die wanhoop en moedeloosheid verjaagt; hij loopt over van mededogen voor de lijdende mens. Aangezien hij zich het makkelijkst openbaart aan de zoekende, is hij de meest toegankelijke van de aartsengelen.

Uriël

De uit het Hebreeuws komende naam Uriël betekent 'vuur van God' of 'God is mijn licht'. Uriël is de engel van de profetie en de openbaring.
Hij wordt veelal afgebeeld met vlammen in zijn hand. Uriël behoort tot het element aarde en hij openbaart goddelijke geheimen aan de mens. Indien u op zoek bent naar uw 'innerlijk licht', kan de energie van Uriël u van pas komen. Voor wie gemakkelijk in een sombere stemming raakt of een zware last te dragen heeft die het leven verduistert, kan de kracht van Uriël buitengewoon heilzaam zijn. Uriël representeert een van de belangrijkste engelenaspecten: hij verbindt de mens met het goddelijke licht.

De gevallen engel

Voor wij verder gaan met de engelenmeditaties, beschouwen wij nog een wezen dat men niet direct verwacht in een boek over engelen en feeën – namelijk Lucifer, de gevallen engel. Aangezien hij ooit een engel is geweest, verdient hij zeker enige aandacht. Voor de meeste mensen is Lucifer de incarnatie van het kwade. Hij staat bekend onder de naam satan, duivel, vorst van het duister of hellevorst.
Hoe kon het zover komen dat een uitverkoren engel de belichaming werd van het kwaad, dat hij van de hemel naar de hel viel? De geschiedenis van Lucifer gaat als volgt.
Lucifer – zijn naam betekent 'lichtdrager'– zou ooit de mooiste en stralendste aartsengel zijn geweest. Hij raakte bij God in ongenade door zijn hoogmoed en stortte uit de hemel omlaag. Het bekende gezegde

De leer van de beschermengelen vindt zijn oorsprong in de bijbel in het boek Tobit, waar Rafaël Tobias begeleidt in het gevaar.

Als de donkere wolken van het lot zich samenpakken, wordt de bescherming van de engelen heel belangrijk.

'hoogmoed komt voor de val' herinnert aan dit gebeuren.
Lucifer wordt gezien als de morgenster (Venus). In de bijbel staat de morgenster als de afvallige engel van God zo beschreven: 'Hoe zijt gij uit de hemel neergestort, Morgenster, zoon van de dageraad! Daar ligt gij neergesmakt in de onderwereld, overwinnaar der volken!' (Jesaja 14, 12). In het boek Ezechiël staat de klassieke bijbelse vertelling over de val van Lucifer. Aangezien hij had gezondigd en weinig deemoed toonde tegenover zijn heer, moest hij de sfeer van de engelen verlaten. Maar van oorsprong is Lucifer wel degelijk een stralende engel. Het bekende beeld van de duivel die de zielen van de zondaars foltert in het vagevuur, is een product van de menselijke fantasie en heeft geen relatie met de ware aard van de gevallen engel.

'[...] Dit zegt Jahwe de Heer: Gij waart een paradijswezen, vol van wijsheid en uitermate schoon. Gij waart in Eden, de tuin van God; om u heen een omheining van edelstenen [...] Onberispelijk was uw gedrag op de dag dat ge geschapen werd, maar later zijt ge tot zonde vervallen. [...] Bij uw uitgebreide handel zijt gij van de ene geweldpleging tot de andere gekomen. Vanwege uw zonden zal ik u van de berg van God wegslaan, zal ik u, cherub, die ik tot bewaker had aangesteld, verjagen uit de tuin met de flonkerende stenen. Ge waart trots op uw schoonheid; uw pronkzucht heeft uw wijsheid ten val gebracht. Daarom zal ik u ter aarde werpen...'

(Ezechiël 28, 12vv)

Het kwaad in de wereld

De kern van Lucifer is goed. In al het kwade op aarde zit in de kern de potentie van het goede, ook al is het soms moeilijk te herkennen. Maar indien de stralendste van alle engelen al gevaar loopt uit de hemel te vallen, dan zouden juist wij mensen wat milder naar hem moeten kijken. Onze eigen fouten en zwakheden leiden ons op dwaalwegen. Indien wij ons richten op de energieën van de engelen, zullen de negatieve tendensen die ons leven beperken en leed met zich meebrengen, vanzelf oplossen.

Gods liefde ervaren

De weg naar God gaat niet langs zelfveroordeling, wilskracht en ijzeren discipline, maar loopt via liefde, licht en innerlijke genezing. Het contact met onze engelen beschermt ons tegen de machten van het kwaad. Het kwaad is echter geen monster met lange tanden en horens op het hoofd, dat vanuit de vlammen van het vagevuur naar ons grijpt. Wat wij het kwaad of de zonde noemen, is het rechtstreekse gevolg van ons onbewust-zijn! Dit heeft Jezus ook gezegd toen hij aan het kruis bad: 'Vader, vergeef hun, want zij weten niet wat zij doen.' (Lucas 23, 34).

De energie van de engelen werkt zelfs in de afgrond van de hel, want de gevallen engel Lucifer kan zijn afkomst niet loochenen.

Ontmoeting met engelen

Praktisch werken met engelen is een wonderbare mogelijkheid om zich te keren naar het wezenlijke en bewust te leven. Concentreer u op de lichtkrachten, dan zal alles wat u negatief beïnvloedt zijn macht over u verliezen.

Contact leggen met engelen

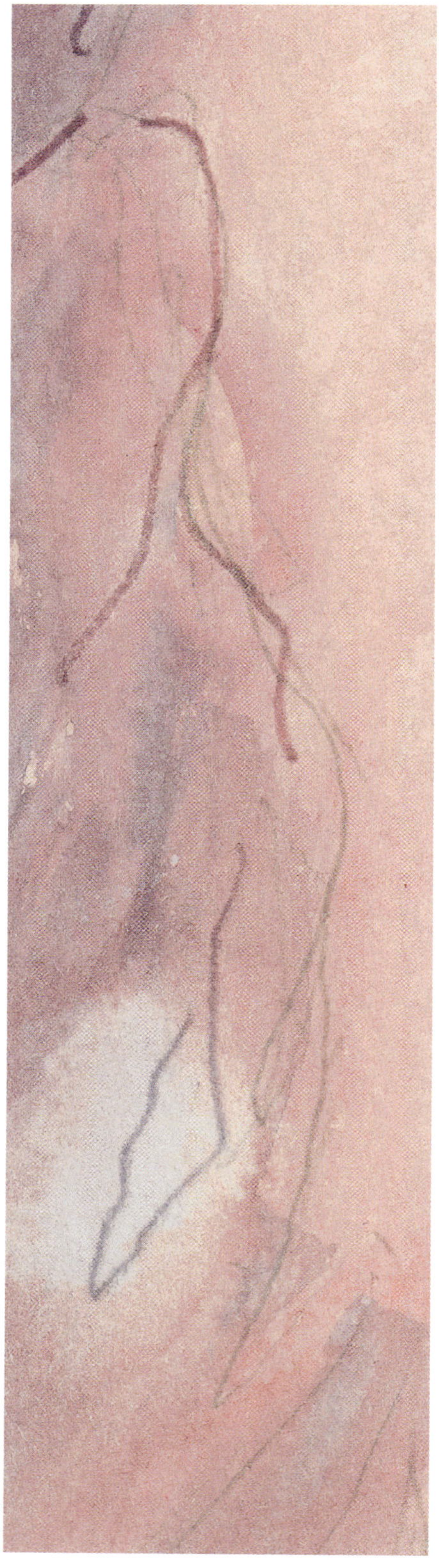

God stuurt ons zijn engelen om ons een dieper begrip van het aardse bestaan bij te brengen.

In de regel vinden contacten met engelen spontaan plaats en op een onverwachte manier. Er zijn allerlei mogelijkheden om dit niet geheel aan het toeval over te laten, maar zelf een steentje bij te dragen aan het contact.

Ik zal u enkele ideeën aan de hand doen om de verbinding met de engelen te verbeteren, maar de weg naar het engelenrijk zult u zelf moeten vinden. Ieder mens heeft zijn eigen manier om met engelen te communiceren. U kunt stil worden en het gewoon laten gebeuren; een andere manier is bidden; u kunt engelen ontmoeten in uw dromen enzovoort. Engelenmeditaties zijn een hulpmiddel om u open te stellen voor de boodschappen en de energieën van de engelen. Een deel van de spirituele opdracht van de mens is dat hij zich moet openen voor de krachten van het goddelijke om die te kunnen bevatten.

Maar het is ook belangrijk om de positieve energieën van de engelen door te geven en uit te stralen. Door lichte gedachten en positieve daden dragen wij ons steentje bij, zodat er meer licht, warmte en liefde in de wereld komen. Het is heel natuurlijk om ons geluk met anderen te willen delen. Contact met engelen geeft een diepe voldoening en brengt geluk, en vanzelfsprekend laten we andere mensen ook van deze positieve ervaringen profiteren.

> *'Vraagt en u zal gegeven worden; zoekt en ge zult vinden; klopt en er zal worden opengedaan. Want al wie vraagt, verkrijgt; wie zoekt, vindt en voor wie klopt, doet men open.'*
>
> *(Matteüs 7, 7-8)*

Tot engelen bidden

Wat doet u als u contact zoekt met een vriend die ver weg woont? U belt hem op! Natuurlijk bestaat er geen telefoonnummer om een engel te bereiken, maar er bestaat een eenvoudige en directe methode om een 'hotline' met de engelen op te bouwen – het gebed.

Misschien ervaart u bidden als ouderwets of als iets dat alleen voor diep religieuze mensen is weggelegd. Maar bidden is feitelijk niets anders dan een intiem gesprek. Kinderen spreken vaak spontaan met hun engelen, want zij voelen aan dat zij daardoor heel dicht bij hen komen. Door tot de engelen te bidden stellen wij ons open en tonen wij vertrouwen in hen. Een gebed is niets anders dan een verzoek. Waarom zou u moeten proberen alles alleen en zonder goddelijke hulp door te maken? Er is geen reden de hulp die ons aangeboden wordt, af te wijzen.

Bidden, hoe doe je dat?

Er bestaan geen vaste regels voor het bidden. Ieder mens bidt op zijn eigen manier. Hoofdzaak is om u helder en duidelijk uit te drukken. Bovendien is het belangrijk niet alleen met woorden, maar vanuit het hart te bidden. Gebeden hoeven niet omslachtig of lang te zijn. Vaak is een enkele zin al voldoende. Indien u problemen hebt, kan het u goed doen regelmatig te bidden. De beste tijdstippen voor een gebed zijn de

Licht, warmte en liefde – ieder van ons draagt de herinnering in zich van ontmoetingen met een lichtwezen (schilderij van Howard Pyle, 1905).

ochtend en de avond. Het ochtendgebed helpt om de dag met nieuwe energie te beginnen. Het avondgebed is een mooie dagafsluiting – als u weet dat de engelen over u waken, zult u beter slapen. Het werkt goed om bij het bidden een speciale houding aan te nemen en bijvoorbeeld de handen te vouwen. Zo wordt het bidden een klein ritueel dat de concentratie bevordert. Als u de handen bij het gebed voor de borstkas met de handpalmen tegen elkaar legt, wijzen alle vingers naar boven. Deze houding helpt de ziel om zich naar 'boven' te oriënteren. U kunt de vingers ook verstrengelen (de handen vouwen). Dit symboliseert dat de ziel zich naar binnen keert. Een bepaalde houding is natuurlijk niet verplicht, u kunt de woorden ook alleen in gedachten uitspreken. Een paar voorbeelden:

- 'Hemelse engelen, help mij alsjeblieft mijn gezondheid terug te krijgen.'
- 'Engel van het licht, sta mij terzijde in dit donkere uur.'
- 'Hemelse vrienden, laat mij zien hoe ik dit probleem met mijn partner kan oplossen.'

U kunt ook een engelenaffirmatie formuleren, een positieve-energiezin. Een affirmatie is een zin die regelmatig en veelvuldig op rustige toon een paar keer wordt herhaald. Bijvoorbeeld:

- 'Dankzij jullie kracht word ik weer gezond.'
- 'De engelen en het leven hebben het beste met mij voor en steunen mij.'
- 'Ik straal de liefde van de engelen uit en bereik een positieve verandering.'

De taal van de liefde

De engelen spreken de taal van de liefde. Dat kunt u ook! Spreek niet vanuit het verstand maar vanuit het hart, en glimlach. Let ook op wat u vraagt: komt de wens vanuit uw ziel of vanuit uw ego? Het is niet realistisch te hopen op de hulp van engelen als u uw zinnen hebt gezet op iets materieels. Tenzij u rijkdom nastreeft om andere mensen te helpen, en geld daarbij beschouwt als een vorm van energie waarmee u goed kunt doen in de wereld – in dat geval zou uw materieel gerichte engelengebed kunnen uitkomen...

Over engelen dromen

Nog een heel mooie manier om met engelen te 'werken' is: nodig ze uit in uw dromen. Engelen waarnemen bij vol bewustzijn is meestal behoorlijk moeilijk. De dichteres Nelly Sachs schreef: 'Vele engelen zijn jullie gegeven. Maar jullie zien ze niet.' U kunt de engelen zichtbaar maken – is het niet bewust, dan wel onderbewust.
Een goede 'tolk' voor de boodschappen is de rijke beeldenwereld, de kleurrijke taal van het onderbewuste. Bovendien werken de engelenenergieën tijdens de slaap helend op het astraallichaam, het 'trillingslichaam' van de mens. Over het algemeen worden engelen waargenomen in een bewustzijnstoestand waarin de geest bevrijd is van zijn alledaagse activiteit – bijvoorbeeld in trance, tijdens diepe meditatie of op momenten van opperste aandacht.
Engelen kunnen ook in dromen zichtbaar worden. Tijdens het dromen is de ziel minder sterk verbonden aan het lichaam. Dan kunnen de engelen ongestoord hun impulsen geven voor onze levensweg of levenstaken. Zij werken daarbij in op ons astraallichaam – het fijnstoffelijk

Tijdens meditatie of in dromen kunnen wij contact maken met een lichtwezen en zijn helende kracht ervaren (schilderij van William Blake).

DROMEN OVER ENGELEN

- De wens om engelen in uw dromen te ontmoeten is al voldoende om dit mogelijk te maken.
- Het is een goed idee om voor u gaat slapen, de engelen uit te nodigen u in uw dromen te bezoeken. Vraag hun om u het inzicht te geven dat u nodig hebt om zorgen en verdriet in uw situatie af te wenden, of voor uw verdere ontwikkeling.
- Uiteraard is het de bedoeling dat u zich de volgende ochtend uw dromen herinnert. Stel de wekker zo ruim af dat u niet meteen uit bed hoeft te springen, maar nog minstens vijf minuten tijd hebt om uw dromen naar boven te laten komen. Dit herinneringsproces zal steeds beter verlopen, alleen al door het echt te willen, en door uw dromen serieus te nemen.
- Houd een droomdagboek bij. Uw dromen zullen daardoor al gauw zeer levendig en concreet worden. Een paar korte notities maken wanneer u een herinnering aan een droom hebt, is al voldoende.
- In de droom sturen de engelen hun boodschap in symbolische vorm. Zij kunnen optreden als lichtgedaante, maar ook in de persoon van een vriend, familielid of overledene. Soms verschijnen zij ook als een liefdevolle vreemdeling.
- Vertrouw op uw intuïtie als u uw dromen aan het analyseren bent. U weet zelf het beste wat de engel u in de droom wilde zeggen. Bedenk ook dat de droomverschijning van de hemelse bode waarschijnlijk samenhangt met uw actuele problemen. De engelen weten waar u mee zit.

De weg van de meditatie brengt ons dichter bij de engelen (Drievuldigheidsicoon, van Andreij Rubljov, rond 1370).

lichaam van onze gedachten – en gevoelsuitstralingen. Geef het niet meteen op als er niet direct in de eerste nacht een engel in uw droom verschijnt. Indien het u ernst is, zult op een bepaald moment een gedaante zien opdagen. Het uiterlijk hiervan hoeft overigens niet per se te lijken op het klassieke beeld van de gevleugelde engel.

> *'Zij [de engelen] verschijnen niet zoals zij zijn, maar zoals zienden ze kunnen waarnemen.'*
>
> JOHANNES DAMASCENUS
> (ca. 700-750)

De drie essentiële engelen

Er zijn drie engelen waarin zich de essentiële eigenschappen concentreren die alle engelen gemeen hebben – dat zijn de engel van de liefde, de engel van het licht en de engel van de harmonie. Liefde, licht en harmonie zijn de dominante engel-energieën. In visioenen worden engelen altijd beschreven als wezens vol liefde en meegevoel. Bovendien worden engelen steevast afgebeeld als stralende schepselen – niet voor niets worden ze 'lichtwezens' genoemd. Naast de liefde en het licht bestaat er nog een derde engelenaspect: de engelen trachten voortdurend de harmonie te handhaven en de mens in balans te brengen. Op het lichamelijke vlak zien wij dit aspect van de harmonie zich uiten in totale gezondheid. Daarom zou de engel van de harmonie ook wel engel van de gezondheid kunnen heten.

Engelen benaderen

Wij mensen worden omgeven door verschillende engelen. Sommigen van hen duiken 'toevallig' op, zonder dat wij er iets voor hoeven te doen; dit komt vooral voor in moeilijke situaties. Wij zagen al een paar manieren om bewust contact te maken met engelen, bijvoorbeeld door een meditatief bewustzijn te ontwikkelen, dromen serieus te nemen, te bidden of beter naar onze innerlijke stem te luisteren. Er bestaat nog een mogelijkheid om zich bewust op de engelen te richten: door concentratie op de energie van de engelen, verruiming van het bewustzijn en doelbewuste benadering van de wereld van de engelen door meditatie. De engel van de liefde, de engel van het licht en de engel van de harmonie spelen een grote rol voor de menselijke ontwikkeling. Iedereen, ongeacht zijn of haar geloof, kan gebruikmaken van deze engelenmeditaties. Ze zijn is heel eenvoudig uit te voeren.

Voorbereiding

Kies of u zich wilt concentreren op de engel van de liefde, de engel van het licht of de engel van de harmonie. U hebt minstens tien minuten tijd nodig voor de engelenmeditatie.

Trek u terug op een rustige plek waar niemand u kan storen. Doe strakzittende kleding uit of maak knopen en ritsen los. Ga rustig op de grond of op een stoel zitten. Houd de rug recht en zorg voor ontspannen schouders en gezicht. Laat uw adem rustig in- en uitstromen.
Bij uitzondering kan de meditatie liggend worden gedaan, bijvoorbeeld wanneer door ziekte het zitten onmogelijk is.

Tevergeefs zoek jij op dwalende paden
de liefde in het gedrang van de aarde.
Een wonder is de liefde, genade,
die als dauw van de hemel afdaalde.
Zij komt als bloemengeur in de wind,
zij komt, als door de nacht gezwind.
Uit wolken vloeit zilveren maneschijn,
hier helpt geen strijden, geen verlangen,
in deemoed mag je haar ontvangen,
als kwam een engel om bij je te zijn.

EMANUEL GEIBEL (1815-1884)

Breng uw gedachten tot rust. Wat er ook gebeurd is, het is nu over en speelt geen rol meer. Wat de toekomst ook zal brengen – wij weten het niet en het is nu niet belangrijk. Begin pas met de eigenlijke meditatie als u innerlijk tot rust bent gekomen en volkomen kalm bent...

Wanneer kunt u mediteren over de engel van de liefde?

- Bij moeilijkheden met andere mensen.
- Wanneer u zich eenzaam voelt.
- Als u het moeilijk vindt op een ander af te stappen en wanneer u barrières tussen u en anderen wilt afbreken.
- Bij relatieproblemen.
- Wanneer u anderen helpt en hun het gevoel wilt geven dat u er voor ze bent.
- Als u geplaagd wordt door gevoelens van angst, haat of wantrouwen.
- Om emoties als vreugde, enthousiasme en medegevoel te intensiveren.

Wanneer kunt u mediteren over de engel van het licht?

- In verwarrende situaties waarin u niet weet waar u het moet zoeken.
- Indien u inzichten of nieuwe ideeën zoekt om problemen op te lossen, of een impuls nodig heeft om een goede beslissing te kunnen nemen.
- Bij sombere stemmingen zoals depressies, bij angsten of alledaagse zorgen die u bezwaren.
- Om van negatieve gedachten, vastgeroeste denkpatronen en gepieker af te komen.
- Voor het verbeteren van uw uitstraling om ook anderen meer licht en helderheid te kunnen geven.

Wanneer kunt u mediteren over de engel van de harmonie?

- Om de gezondheid te versterken en ziekte te voorkomen.
- Indien u het genezingsproces bij een ziekte wilt bevorderen.

Veel problemen verdwijnen 'als sneeuw voor de zon'. De engel van het licht doorstraalt de geest, verheldert en biedt nieuwe perspectieven.

- Wanneer u privé of op uw werk te maken hebt met moeilijke mensen, zodat er snel ruzies ontstaan.
- Voor een toename van vrede, innerlijke rust en kalmte in uw bewustzijn.
- Als u een genezend beroep uitoefent of helende energie wilt overdragen op anderen.

DE DRIE ESSENTIËLE ENGELEN

Naam	*Hoofdtaak*	*Werkingsgebied*
Engel van de liefde	Opent het hartcentrum, versterkt de gave om lief te hebben en medeleven te ontwikkelen.	Geneest de gevoelens, lost negatieve emoties op.
Engel van het licht	Opent het 'derde oog', doorstraalt de geest en maakt spirituele inzichten mogelijk.	Geneest de gedachten, lost negatief denken op.
Engel van de harmonie (engel van de genezing)	Herstelt de balans in de mens en harmoniseert de betrekkingen tussen levende wezens	Geneest het lichaam, werkt tegen ziekmakende factoren.

Meditatie

over de engel van de liefde

Sluit uw ogen. Voel de energie die uit de engel van de liefde stroomt. Denk eraan dat de engel van de liefde een kwaliteit bevordert die in principe ieder mens bezit – de gave om met anderen mee te voelen en hen liefdevol te accepteren. Concentreer u op het hartcentrum. Dat ligt midden op uw borstkas. Spreek nu innerlijk de volgende zinnen:

'Engel van de liefde – vervul mijn hart. Doordring mij met je alomvattende liefde. Geef mij de kracht om jouw liefde door mij te laten werken. Help me alle mensen te benaderen met medegevoel, warmte en genegenheid. Dat jouw liefde voor altijd mijn hart moge vullen.'

Blijf ontspannen. Doe geen moeite, maar herhaal enkele keren in gedachten en op een rustige en meditatieve wijze deze zinnen. Het enige wat u hoeft te doen is u concentreren op de engel van de liefde.

Laat alles verder gewoon gebeuren. Hoe beter het u lukt om alle gedachten los te laten die niets te maken hebben met de meditatie, des te beter zult u het werk van de liefdesengel in uw ziel kunnen voelen.

Beëindig de oefening door de engel van de liefde te bedanken.
Open dan langzaam uw ogen en keer terug naar het hier en nu.

Meditatie

over de engel van het licht

Sluit uw ogen. Voel de energie die uit de engel van het licht stroomt. Licht is een helende, verlichtende kracht. Licht is ook van belang als essentie van het menselijke zijn en van de materie. De engel van het licht schenkt u helderheid en maakt nieuwe inzichten mogelijk. Concentreer u op uw 'derde oog'. Dit energiecentrum ligt midden op uw voorhoofd, vlak boven de wenkbrauwen. Spreek nu innerlijk de volgende zinnen:

'Engel van het licht – kom binnen in mijn geest. Doorstraal mijn bewustzijn met je goddelijke licht. Help me om helderheid, kennis en wijsheid te verkrijgen. Laat je straalkracht door mij werken en geef mij de kracht om deze over te kunnen dragen op anderen wiens innerlijk licht is verduisterd. Moge jouw licht mijn geest voor altijd doorstralen.'

Herhaal deze innerlijke zinnen een paar keer en blijf geheel ontspannen. Nodig de engel van het licht uit het duister in u te verjagen. Hoe meer u zich concentreert op de engel van het licht, des te duidelijker zult u het werk van de lichtengel in uw leven kunnen waarnemen.

Sluit de oefening af door de engel van het licht te bedanken. Open daarna uw ogen.

Meditatie

over de engel van de genezing

Sluit uw ogen. Concentreer u op de energie die de engel van de harmonie uitstraalt. Word u bewust van de helende krachten die de engel van de harmonie uitzendt. Hij herstelt de balans. Hij geneest niet alleen het lichaam, maar werkt ook harmoniserend op alle levensgebieden: relaties, sociale contacten, beroep, creatieve bezigheden. Concentreer u op het middelpunt van uw lichaam. Het lichaamscentrum zit twee of drie vingerbreedten onder de navel, onder op de buik. Spreek nu innerlijk de volgende zinnen:

'Engel van de harmonie – kom binnen in mijn lichaam. Vervul mijn hele lichaam met je helende energie. Laat jouw harmonie werkzaam zijn op alle levensgebieden en help me om dankzij jouw kracht ook op anderen harmoniserend en vredestichtend te werken. Dat jouw helende kracht al mijn lichaamscellen altijd moge doorstromen.'

Blijf ontspannen in het midden van uw lichaam en herhaal deze zinnen een paar keer op een ontspannen, meditatieve manier. Probeer het effect van de weldadige en genezende energie van de engel van de harmonie in uw gehele organisme te voelen.

Word niet ongeduldig als gezondheidsproblemen niet op stel en sprong verdwijnen. Observeer de positieve veranderingen in uw lichaam, ziel en geest.

Vergeet niet de engel van de harmonie te bedanken. Kom terug tot het gewone leven door langzaam uw ogen te openen.

De macht van de beschermengel

De meeste mensen geloven aan beschermengelen. Iedereen heeft althans wel eens het gevoel gehad in zijn leven, dat hij zijn ongelooflijk geluk beslist te danken aan zijn beschermengel. U hebt vast weleens kritieke situaties meegemaakt die godzijdank goed zijn afgelopen. Wellicht hebt u een zware operatie goed doorstaan, een auto-ongeluk overleefd of u miste net de trein waarvan u later in de krant las dat hij is ontspoord. Er zijn legio berichten over zulke 'merkwaardige toevallen' die gelukkig niet altijd dramatisch aflopen. Altijd wanneer wij geluk hebben gehad, is de beschermengel in het spel; bijvoorbeeld bij het behalen van een examen, of een ontmoeting op het juiste moment met precies de juiste persoon om ons verder te helpen.

Met zijn wieken zal hij u dekken, gij vond onder zijn vleugelen toevlucht. Een schild, een rondas is zijn trouw.

(Psalm 91, 4)

Bescherming

Te allen tijde en in alle culturen werden beschermgeesten vereerd. De katholieke catechismus verkondigt de leer van de beschermengel. De heilige Basilius – een belangrijke kerkleraar – was er al van overtuigd dat ieder gelovig mens een beschermengel aan zijn zijde heeft staan. Nochtans werken de beschermengelen onafhankelijk van geloof, leeftijd, religie of huidskleur. Wij kunnen aannemen dat ieder mens op aarde zijn eigen persoonlijke beschermengel heeft. Toen Jezus over de kinderen sprak en vertelde dat zij door engelen worden beschermd, bedoelde hij de beschermengelen. Kinderen hebben nog een intensief contact met hun beschermengel. Zij vertellen dat zij met hem spelen of dat ze met hem praten als met een vriendje of vriendinnetje. Kinderen voelen ook weleens dat de beschermengel hen aanraakt – een gevoel alsof je bij de hand genomen en geleid wordt.

Wanneer u weleens het gevoel hebt gehad op het nippertje ontsnapt te zijn aan een gevaarlijke situatie, dan heeft uw beschermengel u behoed.

'Hoed u ervoor een van deze kleinen te minachten, want ik zeg u: zij hebben engelen in de hemel en deze aanschouwen voortdurend het aangezicht van mijn vader die in de hemel is.'

(Matteheus 18, 10)

Uiteraard is het niet de bedoeling dat alleen kinderen vertrouwen op de beschermende en troostende kracht van de beschermengel. Ook volwassenen hebben beschermengelen! Bedenk eens hoe gevaarlijk het leven is. Elke keer dat u in een auto of vliegtuig stapt of over straat loopt, bent u in gevaar en iedere keer kan de laatste zijn. En toch komt u steeds weer gezond en wel thuis. De wereld zit vol virussen en bacteriën die u onverhoeds kunnen doden als uw immuunsysteem niet goed functioneert.
Maar wat is eigenlijk dat geheimzinnige immuunsysteem, die 'innerlijke genezer' die ziekten voorkomt en genezing mogelijk maakt? Dat is de lichamelijke expressie van een hogere macht, die u doorlopend beschermt. Het immuunsysteem is

In onze tijd is het belangrijk onze beschermengel te herontdekken. Het geloof in deze engel verdrijft het duister.

Niet alles lukt in het leven. Dat ieder mens zich kan bevrijden van duistere stemmingen heeft hij te danken aan zijn engelen.

niets anders dan een instrument van uw beschermengel!
De beschermengel werkt natuurlijk niet alleen fysiek. Hij kan uw gevoelens ook als instrument gebruiken – bijvoorbeeld het gevoel liever niet op reis te willen, of via een ongebruikelijke route naar huis te gaan. Niet voor niets zei Luther over de engelen:

'Dat je nog in leven bent, heb je te danken aan de bescherming van de heilige engel.'

MAARTEN LUTHER
(1483-1546)

De beschermengel vleugels geven

In het vorige hoofdstuk hebben wij de drie essentiële engelen genoemd. Deze drie engelen – de engel van de liefde, de engel van het licht en de engel van de harmonie – kunt u rechtstreeks benaderen. Met de beschermengel is dat veel moeilijker. De uitspraak van Martin Buber 'dat engelen moeilijk te vatten zijn' is op beschermengelen wel heel erg van toepassing. Immers, wij herkennen de beschermengel aan zijn effect, we maken hem niet direct mee. Er is maar één manier om hem bij zijn werk te helpen: heb vertrouwen in hem!

Vertrouwen op de hulp van de engelen

Vertrouwen is de sleutel. De beschermengel kan ieder onheil van de mens afwenden, maar er zijn grenzen. Als iemand niet bereid is zich werkelijk op hem te verlaten is de grens bereikt. Hoe kun je iemand steunen die zich niet wil laten helpen? Indien u goed oplet, zult u in uw dagelijks leven kunnen zien waar ongeloof en wantrouwen toe leiden. Mensen die optimistisch en vol vertrouwen zijn, bereiken hun doelen veel gemakkelijker dan pessimisten en bange mensen die het onheil naar zich toe trekken. Wie onvoorwaardelijk rekent op zijn beschermengel ...

- zal elke reis heelhuids doorstaan
- hoeft geen inbrekers te vrezen
- kan 's nachts alleen door donkere straten lopen
- zal bij een strandwandeling niet in glasscherven trappen
- wordt niet ziek tijdens een griepepidemie.

Een engel herkent men pas, wanneer hij voorbij is gegaan.

MARTIN BUBER
(1878-1965)

Eigen verantwoordelijkheid

Uiteraard is het niet de bedoeling dat vertrouwen leidt tot roekeloosheid. Dat wordt mooi samengevat in de uitspraak 'Rijd niet harder dan je beschermengel kan vliegen'. We moeten de mogelijkheden van onze engel niet tot het uiterste beproeven. Tenslotte kunnen de engelen de wil van de mens niet veranderen, en daarom moet eenieder zijn eigen verantwoordelijkheid dragen. Wel is het zo dat angst, wantrouwen en pessimisme de beste middelen zijn om het werk van de engelen te dwarsbomen.

God stuurt zijn engelen

Waarom zou God zijn beschermengelen uitzenden als het niet zijn bedoeling was de mens te behoeden en veilig door het leven te gidsen? We kunnen vertrouwen op de goddelijke wijsheid. Wie gelooft dat macht, geld of positie op aarde voldoende veiligheid geven, vergist zich. De mens kan maar weinig op eigen kracht doen voor zijn welzijn. Ziekten, oorlog of het lot kunnen de vermeende zekerheid van vandaag op morgen in rook laten opgaan.

De aartsengel Gabriël kwam als boodschapper van God naar Maria, en God stuurt zijn hemelse gezanten ook naar ons (schilderij van Sir Edward Burne-Jones).

Op deze Perzische miniatuur uit de zestiende eeuw stijgt Mohammed, de grondlegger van de islam, op ten hemel, begeleid door engelen.

De wereld is niet de juiste plaats om stabiliteit te verkrijgen. Echte geborgenheid, bescherming en kracht vinden we alleen in de hemelrijken en bij onze engelen. Onze engel begeleidt ons ook op onze laatste weg. De stervensbegeleidster Elisabeth Kübler-Ross wijst ons ook op het bestaan van beschermengelen (zie het citaat in de tekst hiernaast).

Hulp in moeilijke tijden

In bepaalde levensfasen zijn engelen bijzonder belangrijk voor ons. Zolang het redelijk goed met ons gaat, denken wij haast nooit aan de hemelse begeleiders en beschermers. Maar tijdens een crisis – als wij ziek worden, een dierbare verliezen of plotseling voor een onverwacht probleem komen te staan – zijn wij meer geneigd ons naar binnen te keren en onze beschermengel te roepen. Het is interessant te zien dat de verklaringen vanuit het christelijke, joodse en islamitische geloof overeenkomen met de visioenen van veel heiligen en sensitieven door alle tijden heen: engelen helpen de mens vooral in moeilijke tijden. Als de nood echt aan de man komt, stuurt God zijn engelen om troost, bescherming en hulp te bieden. Het is dus geen toeval dat ervaringen met engelen vooral plaatsvinden in zware tijden. Aarzel niet uw engel om hulp te vragen wanneer u in nood bent. Stel u open, mediteer of bid als u gebukt gaat onder de slagen van het lot. Wanneer u zich concentreert op de verlossende macht van de engelen zult u zeker enige wonderen beleven...

U aangaande gebiedt hij zijn engelen om u, waar gij ook gaat, te bewaren...

(Psalm 91, 11)

Formuleer een eenvoudig gebed aan uw beschermengel. Dit gebed kan bijvoorbeeld luiden:
'Lieve beschermengel, stuur mij in deze moeilijke tijd kracht en vertrouwen en help mij zodat ik de moed niet verlies.'

De kerken hebben hen 'beschermengelen' genoemd, de onderzoekers hebben het doorgaans over 'geestwezens'. De naam die wij hun geven is niet van belang. Wel is het belangrijk te weten dat ieder mens vanaf de eerste ademtocht tot het moment waarop zijn fysiek bestaan eindigt en hij overgaat in de verandering, begeleid wordt door geestelijke leiders en beschermengelen.'

ELISABETH KÜBLER-ROSS

U kunt spontaan een gebed in uw eigen woorden zeggen, maar er zijn ook traditionele gebeden zoals bijvoorbeeld het volgende Duitse gebed uit de zeventiende eeuw:
'O engel rein, beschermer mijn, gij gidst mijn ziel.
Laat mij u vertrouwen, opdat ik voor God niet faal.
Op klaarlichte dag, in duistere nacht, laat uw licht in mij schijnen.
Houd over mij trouw de wacht, en richt mijn hart naar het uwe.'
U kunt natuurlijk ook mediteren over een van de drie essentiële engelen – de engel van de liefde, de engel van het licht of de engel van de harmonie. Deze meditaties staan op de bladzijden 77 t/m 81. Onthoud dat u zich vooral in moeilijke tijden tot uw engel kunt wenden. Vergeet niet dat u nooit alleen bent! Wanneer u diep in uw binnenste afdaalt en ondanks

De stilte van de natuur, zonder lawaai en spectaculaire landschappen, is de beste plaats voor een meditatie over de engel van de harmonie.

Kinderen zijn heel ontvankelijk voor de betovering van de natuur. Zij kunnen de verborgen krachten van de hemel op aarde nog aanvoelen..

alle zorgen probeert uw rust en blijmoedigheid te bewaren, zult u het werk van de engelen in uzelf kunnen voelen. Dan zal het u makkelijker afgaan een crisis zonder kleerscheuren te doorstaan.

Engelen naar onze dierbaren sturen

Waarom zouden wij de enorme energieën van de engelen alleen voor onszelf gebruiken? Wij kunnen de hemelse boodschappers ook vragen anderen te helpen. Op deze manier kunnen wij bewerkstelligen dat mensen die zelf niet aan engelen geloven toch hun bescherming en hulp ervaren.

Bidden om bescherming voor anderen

Er bestaan veel gelegenheden om 'engelen te sturen'. Wellicht gaat een goede vriendin op een verre reis en u weet dat zij in een gevaarlijk land zal rondtrekken. Misschien moet uw partner solliciteren en is dat een heel belangrijk gebeuren voor hem of haar. Of uw kind is ziek of ziet op tegen de proefwerkweek op school. Wellicht moet een familielid een operatie ondergaan en hoe dat zal aflopen is onzeker...

Een medemens steunen

Er zijn vele situaties waarin de hulp van engelen noodzakelijk is. Ieder mens zal zich ooit door moeilijke tijden heen moeten worstelen. Indien u engelen wilt sturen naar uw dierbaren, kunt u dit op de volgende manier doen:

- Kijk uit naar een gunstige gelegenheid om anderen te helpen. De eerste stap is eenvoudig de wens te uiten om iemand te mogen helpen die uw hulp goed kan gebruiken.
- Vraag aan de engel deze persoon te ondersteunen. U kunt een gebed uitspreken of het in stilte in uw hart dragen.
- Nadat het gebed is uitgesproken of nadat u de engel in een meditatie om hulp hebt gevraagd, laat het dan rusten. Besef dat u zelf niets kunt doen. Laat het helemaal aan de engel over om te helpen. Probeer de zorgen die u om de ander heeft, helemaal los te laten – hoe slecht het ook met deze persoon gaat. Door u zorgen te maken bemoeilijkt u het heilzame werk van de engelen.
- Wees geduldig en bedank de engel wanneer u het gevoel hebt dat uw gebed is verhoord.

Kinderen houden van engelen

Als u kinderen hebt, is het goed wat over engelen te vertellen. Kinderen staan vaak veel meer open voor de 'werkelijkheid achter de werkelijkheid' dan volwassenen. Bid samen met uw kinderen als er problemen zijn. Hele generaties zijn opgegroeid met het volgende avondgebedje:

's Avonds als ik slapen ga,
volgen mij veertien engelen na:
twee aan mijn hoofdeind,
twee aan mijn voeteneind,
twee aan mijn linkerkant,
twee aan mijn rechterkant,
twee die mij dekken,
twee die mij wekken,
twee die mij wijzen
naar 's hemels paradijzen.

GODS ZEGEN

Het kind rust uit van het spelen,
bij het raam ruist de donkere nacht.
In de koelte houden Gods engelen
trouwhartig en kalm de wacht.

Bij het bedje stil zij staan,
de jonge ochtend is nog loom.
Zij kussen, eer zij henen gaan,
het kindje dat lacht in de droom.

JOSEPH VON EICHENDORFF
(1788-1857)

Meditatie

over de beschermengel

Sluit uw ogen en breng uw gedachten tot rust. Voel dat u veilig wordt beschermd door uw onzichtbare begeleider. Probeer deze veiligheid te visualiseren. Stel u bijvoorbeeld voor dat er een muur van licht om u heen is, die de duistere krachten ver van u houdt. Laat een gevoel van vreugde binnen in u ontstaan vanwege het feit dat u voortdurend begeleid wordt door een machtige, behulpzame vriend en dat u nooit alleen bent met uw zorgen, noden, angsten en gevaren. Open uw hart en spreek met uw innerlijke stem de volgende zinnen:

'Beschermengel, behulpzame vriend – ik weet van jouw bestaan en ik dank je voor je bescherming en hulp. Ik dank je voor alle keren dat je mij hebt geholpen een gevaar goed te doorstaan. Ik dank je voor alle ziekten die je van mij weg hebt gehouden. Ik open mijn hart en mijn ziel voor jou en laat jou naar binnen. Ik schenk je al mijn vertrouwen. Ik weet dat jij aan mijn kant staat. Dank je.'

Houd dit gevoel van vreugde, dankbaarheid en veiligheid vast en herhaal deze zinnen nog enkele keren. Voel dat het vertrouwen in uw beschermengel en in zijn kracht en uitstraling groeit. Geniet van dit gevoel van geborgenheid.

Beëindig de meditatie door uw beschermengel nog eens te bedanken en uw vertrouwen in hem uit te spreken. Open dan langzaam uw ogen en keer terug naar het hier en nu – gesterkt door het gevoel van bescherming door die onzichtbare vriend, uw beschermengel.

Lexicon van engelen en feeën

Het aantal engelen en natuurgeesten is meer dan wij kunnen bevatten en er bestaan talloze namen en termen voor de lichtwezens. Dit lexicon geeft informatie over de belangrijkste wezens uit de rijk geschakeerde wereld van engelen en natuurgeesten.

Woestijn, wolken, wind en water – vooral in deze overweldigende landschappen voelen wij de onmiskenbare nabijheid van natuurgeesten.

Aardmannetje Zie Kabouter.

Aartsengelen In de christelijke mythologie zijn Michaël, Gabriël, Rafaël, Uriël, Jophiël, Zadkiël en Samaël aartsengelen die ieder tot een van de zeven hemelsferen behoren. De islam kent er vier, namelijk Gabriël, Michaël, Azraël en Israfel. In de kabbalistische joodse mystiek heten de aartsengelen Metatron, Raziël, Zaphkiël, Zadkiël, Chamaël, Rafaël, Haniël, Michaël, Gabriël en Sandalphon; deze aartsengelen komen overeen met de tien emanaties van de boom des levens.

Alfar/alven Noorse benaming voor elfen die de nabijheid van de mens zoeken. De nodige voorzichtigheid is geboden, want indien men hun ergernis opwekt, kunnen zij ziekten sturen. Afhankelijk van hun leefomgeving worden zij ingedeeld in licht- of donkeralven.

Apocriefen Bijbelteksten die niet zijn opgenomen in de canonieke boeken van het Oude en Nieuwe Testament.

Apsara's Indiase nimfen (het Sanskrietwoord 'apsara' betekent 'op het water lopende'), veelal afgebeeld met een lotusbloem in de hand. Apsara's vertegenwoordigen het element water. Zij zijn uitstekende danseressen en staan bekend om hun verleidingskunsten.

Ariël Hebreeuwse naam met de betekenis 'vuurhaard van god'. In de kabbala wordt Ariël beschreven als een waterengel; in fabels is hij een luchtgeest met schalkse trekjes, zoals in William Shakespeares drama De storm.

Asrai Kleine, vrouwelijke waterfeeën. Zij veranderen in een waterplasje zodra zij in aanraking komen met direct zonlicht.

Asura's In de veda's – de religieuze geschriften van India – zijn de asura's negatieve, vernietigende krachten in de vorm van demonen; zij vechten tegen de deva's.

De Indiase mythologie kent een onafzienbare hoeveelheid natuurgeesten (afbeelding van een apsara op een reliëf in Rajasthan).

Cherubijnen of **cherubs** Engelen met het hoofd van een mens en het lichaam van een dier. De op één na hoogste van de negen klassen van engelen: zij komen direct na de serafijnen.

Dames vertes / dames blanches Bekoorlijke feeën, die voornamelijk in de wouden van het Juragebergte leven. Hun naam betekent 'groene' respectievelijk 'witte vrouwen'. Zij gebruiken hun beschermende feeënkrachten graag om te waken over een gezin dat zij zelf uitgekozen hebben. In Nederland kennen we ze als 'witte wieven'.

Demeter Dochter van Saturnus en Rhea, behoort tot de twaalf oorspronkelijke godheden uit de Griekse mythologie. Zij is de godin van de landbouw en de beschermster van het graan en de oogst. De Romeinen noemden haar Ceres. Demeter of Ceres zorgt voor al wat leeft en vertegenwoordigt het element aarde.

Deva's Overkoepelende term voor allerlei natuurgeesten in het boeddhisme en hindoeïsme (Sanskriet:

deva = hemelgeest, hemels wezen). De deva's worden deels vereenzelvigd met de feeën, deels ook met de engelen. Hun tegenspelers zijn de demonische asura's.

Doris Dochter van Oceanos en Thetis, echtgenote van Nereus, moeder van de nereïden.

Dryaden Bosnimfen uit de Griekse mythologie. Zij worden beschreven als mooie jonge meisjes, gekleed in het wit of groen, die bovenal van bomen houden. Zij hebben een lang leven en verouderen niet, maar sterven uiteindelijk samen met hun eigen boom.

Dwergen Aardgeesten, net als gnomen en kobolden. Zij lijken op kleine mensjes met een bizar gevormd uiterlijk. Vaak zijn zij in het bezit van enorme krachten, zoals de vier dwergen uit de Noorse mythologie, die het hemelgewelf dragen. Zij vervaardigen wapens en zijn meestal uitstekende metaalbewerkers.

Ea Watergod uit Babylon, beschermheer van de magie en heer van de wijsheid. Ea representeert het water

De negentiende-eeuwse schilder John Anster Fitzgerald heeft een betoverend 'Elfenfeest' afgebeeld.

en wordt meestal afgebeeld met een geitenlichaam en een vissenstaart.

Elementalen Middeleeuwse indeling van de geestwezens naar de vier elementen. Salamanders symboliseren het vuur, zeemeerminnen en undinen het water, sylfen of sylfiden de lucht en dwergen, gnomen en trollen de aarde.

Elfen Worden ook elben, alben of alven genoemd. Het zijn vrouwelijke natuurgeesten die met name bloemen en andere planten beschermen. Het woord 'elf' is verwant aan het Engelse 'elf' en het Noorse 'alf'. Volgens Germaanse en Keltische sagen hebben elfen een buitengewoon mooi uiterlijk en zijn zij in het bezit van bovennatuurlijke krachten.

Ellefolk Term voor de Zweedse, Deense en Noorse feeën. Het ellefolk leeft in heuvellandschappen, maar ook bij rivieren en moerassen.

Elohim In de kabbala de zevenvoudige verschijning van de godheid. De elohim zijn de hoeders van het goddelijke licht, respectievelijk de planeetgeesten die het zonnestelsel sturen. Zij zijn ook in staat in te grijpen in de loop van de wereld.

Engel Het Griekse woord 'angelos' (bode) is de wortel van het woord 'engel'. Engelen zijn lichtwezens die goddelijke boodschappen overbrengen. Zij zijn ingedeeld in een hiërarchie van negen koren. Dankzij de engelen kan de mens contact maken met de goddelijke sferen. Zij werken beschermend, genezend en inspirerend.

Fee De naam is overgenomen uit het Frans (fée=fee, tovenares) en bij ons pas bekend sedert de achttiende eeuw. Het Franse woord stamt op zijn beurt uit het Latijnse 'fatum' (=lot) en 'Fata' (=godin van het lot). 'Fee' wordt vooral gebruikt als verzamelnaam voor de meest uiteenlopende natuurgeesten, in de regel jeugdig en vrouwelijk.

Wie de elfen bij het dansen en zingen bespiedt wordt gestraft, zo beweert de volksmond ('Dans van de elfen', Camille Carot, omstreeks 1860/1865).

Follets Franse kobolden die beschikken over dezelfde toverkrachten en wonderlijke gaven als de feeën.

Gabriël Een van de aartsengelen. Zijn naam betekent 'Gods macht' (Hebreeuws: 'gavri-el'). Gabriël verkondigt boodschappen en is gekoppeld aan de maanenergie.

Deze icoon uit Ohrid toont de aartsengel Gabriël in zijn overweldigende grootsheid als hemelvorst.

Gaia Godin van de aarde uit de Griekse mythologie. Samen met haar zoon Uranus kreeg zij de twaalf Titanen. Zij is de universele geefster van leven. Gaia, ook bekend als Gea, vertegenwoordigt het element aarde.

Repelsteeltje, uit het gelijknamige sprookje, bezat als aardgeest de gave goud uit stro te kunnen spinnen (illustratie van A. Rackham).

Gnomen Kleine, mannelijk natuurgeesten die onder de grond leven. Net als dwergen, kobolden en kabouters, met wie zij op één lijn worden gesteld, representeren zij het element aarde.

Hephaistos Griekse god van het vuur, zoon van Zeus en Hera. Wordt gelijkgesteld aan de Romeinse vuurgod Vulcanus.

De temperamentvolle Hephaistos is de Griekse god van het element vuur en van de smeedkunst (schildering op Ionische vaas).

Högfolk Het högfolk of huldrafolk (Noors) ofwel 'heuvelvolk' is een Scandinavisch feeënvolk, dat bij voorkeur leeft in de Noord-Europese heuvellandschappen en bekendstaat om zijn lieflijke zang.

Holle Zie Vrouw Holle.

Iris Griekse godin van de regenboog. Zij wordt afgebeeld als een mooie, jonge vrouw met vleugels en een aureool. Zij vertegenwoordigt het element lucht. Zij is ook een bode van de goden en brengt de bevelen van de goden aan de mensen over. Wanneer zij zo snel als de wind van het ene eind van de aarde naar het andere reist, trekt zij een regenboog achter zich aan.

Juno Grieks-Romeinse godin (Grieks: Hera), dochter van Saturnus en Rhea, zuster en echtgenote van Jupiter (Grieks: Zeus), moeder van Vulcanus (Grieks: Hephaistos). Hemelkoningin en beschermvrouwe van het huwelijk.

Jupiter (Grieks: Zeus) Broeder en echtgenoot van Juno, heerser over hemel en aarde. Zijn broers zijn Neptunus, de heerser over de zee en de wateren en Pluto, god van de onderwereld.

Kabbala Esoterische richting van het judaïsme. De kabbala verklaart de betekenis van de wereld en de opbouw van de hemel aan de hand van getallenverhoudingen en het duiden van letters. Met deze hulp vindt de mens de weg terug naar het paradijs.

Kabouters Natuurgeesten zoals de elfen en de dwergen. Ze leven in bergen en bewaken schatten. Er zijn ook huis- en tuinkabouters. In de regel zijn zij de mens welgezind.

Kleine volk De natuurgeesten heten in het Nederlands ook wel 'het kleine volkje' en in het Engels 'little people'.

Kobold Aardgeest in de categorie van kabouters, dwergen, gnomen en aardmannetjes, vaak een 'plaaggeest'.

Leprechaunes In het Ierse volksgeloof is dit de naam voor dwergen, kobolden of elfen die onder de grond leven en dus tot de aardgeesten behoren. Ze zijn de bewakers van in geheime holen verborgen schatten.

Lilith Volgens de joodse overlevering was Lilith Adams eerste vrouw, die niet zoals Eva uit zijn rib was gevormd; zij was een apart geschapen, zelfstandige vrouw. Aangezien zij niet ondergeschikt wenste te zijn aan Adam, werd zij in deze sterk patriarchale cultuur al gauw 'de slechte vrouw'. Sindsdien personifieert zij het duister en het kwaad ('Lilith' = nachtspook) en zij zou wraakzuchtig zijn. Als 'demon van de nacht' wordt zij verantwoordelijk gehouden voor kraambedkoorts. In deze versie komt Lilith overeen met de demon Lilithu uit de Babylonische mythologie. Zij vertegenwoordigt het element lucht.

Loki In de Noorse mythologie de god van het vuur. Als broer van Odin behoort hij tot de drie grote goden. Odin representeert het element lucht, Aegir / Honir het element water en Loki het element vuur.

Lucifer Oorspronkelijk was Lucifer ('lichtbrenger') de mooiste en stra-

In de negentiende eeuw veranderde het beeld van machtige dwergen in dat van de onschuldige kaboutertjes die vandaag de dag nog menig tuintje sieren.

lendste aartsengel. Door zijn hoogmoed viel hij bij God in ongenade en werd uit de hemel gegooid. Sindsdien personifieert de gevallen engel Lucifer, ook bekend als satan, duivel of vorst van de duisternis, het kwaad.

Malaika Engel uit de islam, die wordt beschreven in de koran.

Op deze Russische icoon uit de negentiende eeuw trekt aartsengel Michaël erop uit om het kwaad te verdrijven, zijn bazuin blazend.

Michaël Een van de aartsengelen. Zijn naam betekent 'Wie is als god' (Hebreeuws: 'mikha-el'). Bij Michaël hoort het element vuur en hij vecht tegen het kwaad. Vaak wordt hij afgebeeld met een draak. Hij zegeviert over het symbool van het kwade, de draak ligt doorboord door Michaëls speer aan diens voeten.

Morgane Veelgebruikte naam voor Engelse en Franse feeën. In de sage van Arthur speelt deze oorspronkelijk Keltische fee een grote rol.

Najaden In de Griekse mythologie de benaming voor de rivier- ,beek- en bronnimfen. De najaden zijn de mens vriendelijk gezind. Zij bezitten genezende krachten, schenken vruchtbaarheid en zijn in het bezit van de gave in de toekomst te kunnen zien.

Natuurgeesten Overkoepelende term voor alle lichtwezens in de natuur. Elfen, feeën en alle elementalen behoren tot het rijk van de natuurgeesten.

Nereïden Waternimfen uit de Griekse mythologie. De nereïden zijn dochters van Nereus.

Nimfen Natuurgeesten uit de Griekse mythologie. De benaming nimf (Oud–Grieks = bruid of meisje) werd later overgenomen door de Romeinen en overgedragen op hun feeën. Nimfen leven bijvoorbeeld in de buurt van bomen (dryaden), in zee (oceaniden, nereïden), in de bergen (oreaden) of in stromende wateren (najaden). Verder zijn er ook nog dal- en weidenimfen. Nimfen houden van dansen en muziek. In de Oudheid offerde men melk, olie en lammeren aan hen.

Frédéric de la Motte-Fouqué schilderde deze verleidelijke undine. Hij beschreef haar ook in zijn gelijknamige vertelling.

Nixen Meestal vrouwelijke, mooie geesten van het water uit het Noord-Europese volksgeloof. De naam komt van het Oud-Hoogduitse 'nicchessa' (=watervrouw). Waterfeeën zijn speels en vrolijk. Zij worden afgebeeld met lang blond haar en zij hebben graag contact met mensen.

Odin Godenkoning uit de Germaanse mythologie. Odin is ook bekend onder de namen Wotan, Odin, Woden of Wodan. Hij heerst over de andere goden. Odin is de god van de oorlog, maar ook de alvader en god van de magie en de wijsheid. Odin vertegenwoordigt het element lucht.

De Griekse herdersgod Pan is hecht verbonden met het arcadische Griekenland ('Fluitspelende Pan', Mariano Mercury, 1868).

Pan Griekse bos- en herdersgod met horens en bokkenpoten.

Poseidon Griekse god van de zee, die heerst over alle wateren. Poseidon leeft in zijn paleis in de diepzee. Hij representeert het element water en komt overeen met de Romeinse zeegod Neptunus.

Rafaël Een van de aartsengelen. Zijn naam betekent 'God heelt' (Hebreeuws: 'rafa-el'). Rafaël brengt heil en genezing en hij is de engel van de zon.

Re (Ra) Egyptische zonnegod. Hij vertegenwoordigt het element vuur.

Salamander Geest van het element vuur, leeft midden in de vlammen en voedt zich met vuur. Net als de undinen, sylfen en gnomen hoort de salamander bij de door Paracelsus beschreven elementalen.

Satan Hellevorst, de duivel, de voormalige aartsengel Lucifer. Engelen die zich bij hem hebben aangesloten noemt men demonen.

Saters Levenslustige, drinkgrage bos- en berggeesten uit de Griekse mythologie, meestal afgebeeld met horens, staarten en bokkenpoten.

Selkies Waterfeeën uit het volksgeloof van de Orkney- en Shetlandeilanden. Ze dragen een gladde zeehondenhuid om soepel door het water te kunnen zwemmen. Als zij hun huid afleggen, kunnen zij zich als mooie vrouwen ontpoppen.

Serafijnen Engelen met zes vleugels. Met twee ervan zweven zij door de ether, achter de andere gaan hun hoofd en voeten schuil. Zij vormen de hoogste trede in de engelenhiërarchie. Daarom noemt men ze ook 'de vurigen' of 'de brandenden'. De naam is afgeleid uit het Hebreeuwse 'saraph' (= branden). De serafijnen of serafs omringen de troon van God en symboliseren licht, liefde, hartstocht en zuiverheid.

Skogsra Zweedse feeën die de natuurkrachten beheersen en jagers en boswachters beschermen. Skogsra leven in grotten en rotsspleten en kunnen zich veranderen in bomen of in bepaalde dieren.

Undinen, vrouwelijke watergeesten, vertonen zich in de gedaante van een mooie vrouw, maar ook als teer zeepaardje met een vrouwengezicht.

Sylfen, sylfiden zijn luchtelementalen, zoals Ariël of Oberon. De term sylfiden komt van Paracelsus. Zij leven in de wolken en de wind. Zij zijn uitgesproken tenger en hebben bevallige ledematen. Hun lichamen zijn namelijk onstoffelijk. Zij kunnen zweven op de zonnestralen en zeer uiteenlopende gedaanten aannemen, van een mug tot een wonderschoon menselijk wezen. Bovendien beschikken zij over enorme toverkracht.

Net als Ariël is Oberon een van de elementalen van de lucht. Oberon werd vereeuwigd in de 'Midzomernachtdroom' van Shakespeare.

Trollen Elementalen die leven in aardheuvels en spelonken. Zij representeren het element aarde. Trollen kunnen zich voordoen in dwergen- of reuzengedaante. Ze verlaten hun hol 's nachts. In Noorse sagen en sprookjes worden zij beschreven als gevaarlijke en gemene wezens.

Undinen Dit zijn de vrouwelijke elementalen van het water. Zij worden wel beschreven als een zeepaardje met een menselijk gezicht of als een mooie vrouw.

Uriël Een van de zeven aartsengelen. Zijn naam betekent 'Gods vuur' of 'God is mijn licht' en komt uit het Hebreeuws. Uriël is de engel van de profetie en openbaring. Uriël wordt ingedeeld bij het element aarde.

Vrouw Holle Een fee die bekend is van het sprookje Vrouw Holle. Zij beloont de vlijtigen en straft de luieriken. Als zij haar matras opschudt, sneeuwt het op de aarde. Holle, Holda, Hulda of Hella vertegenwoordigt het element water. Zij woont graag bij meren, bronnen of vijvers en heeft een wonderschone zangstem.

Vrouw Holle laat in het naar haar genoemde sprookje haar kussens opschudden door het vlijtige meisje. Luiheid wordt door deze fee bestraft.

Wilde vrouwen Bepaalde feeënfamilies in Bohemen, Slovenië en Polen. Deze mooie, bekoorlijke feeën leven in holen en brengen de tijd vooral door met spinnen en weven. De wilde vrouwen zijn de mensen goed gezind. Zij beheersen geheime natuurkrachten, kunnen het weer beïnvloeden en vervaardigen een plantaardige zalf waarmee zij zich onzichtbaar kunnen maken.

Witte wieven Zie Dames vertes / dames blanches.

Voor Rahel, die uit het licht kwam

Dankwoord

Zonder de inspirerende hulp van mijn vriendinnen en vrienden uit de mensen-, feeën- en engelenwereld was dit boek er nooit gekomen. Ik dank jullie allen, vooral mijn beschermengel en mijn feeënfamilie uit Hirnsberg. Zij hebben mijn ogen geopend voor de schoonheid van de natuur.
Ook wil ik mijn dank uitspreken aan het team van de Ludwig-redactie en de artiesten. Zij allen hebben dit boek verrijkt met hun creativiteit en zij hebben hun uiterste best gedaan iets van de fascinerende betovering van de engelen- en feeënwereld voor u, lezer, op te vangen en weer te geven.
Ten slotte wil ik allen bedanken die in alle tijden en culturen hun belevenissen met lichtwezens hebben verzameld; zij lieten een rijke schat aan ervaringen na, die ons helpt bij het openen van de poort naar de wereld van de engelen en feeën.

Nawoord

Lieve lezers, als dit boek u een nieuwe kijk op de fascinerende wereld van de feeën, elfen en engelen heeft kunnen geven, ben ik daar heel blij mee. De lichtwezens uit de aardse sfeer, de feeën en elfen begeleiden ons een leven lang, net als de engelen. Staat u al in contact met uw begeleiders uit de onzichtbare wereld, dan zult u ervaren wat een heerlijk gevoel het is om kracht te ontlenen aan hun onuitputtelijke bron. Ik wil graag afscheid van u nemen met een kleine zegenspreuk:

Mogen de feeën en elfen
van de bossen, de meren en de lucht
u verbinden met de oneindige kracht van de natuur.
Mogen de engelen van de liefde en het licht
uw ziel te allen tijde doorstralen.
Dat u altijd op al uw wegen beschermd moge zijn.

Colofon:

Tweede druk

Oorspronkelijke titel: Atlas der Engel & Feen

Vertaling: Christiane Renner
Redactie: Marian van Agt

Omslagontwerp: Studio Pollmann

ISBN 90 6378 522 4 - NUR 720

Illustraties

Wij hebben tevergeefs geprobeerd de rechthebbenden te vinden van de afbeeldingen op blz. 28 en 35. Zij kunnen zich melden bij de uitgever.
Agentschap Walter Holl, Aken: Titel (Hans Georg Leindecker), schutblad, 18 li.o. (Una Woodroff), 20 (2) (N.N.), 24 o., 26 (Norbert Lösche), 27 bo., 41 re. (Joop Smits), 39 o., 62 li. (Garlent); AKG, Berlijn: 9 o., 10 bo., 15 bo., 16 o., 29 o., 43, 56, 58 bo., 59, 60 (2) re., 64 o., 65 o., 67 o., 68 o., 91 re.bo., 91 re.o., 92 li.o., 93 li.bo., 94 re., 94 mi.; Bildarchiv Steffens, Mainz: 11 (Rudolf Bauer), 17 (Hans-Joachim Rech), 18 re.o. (N.N.), 83 o. (N.N.); Binder Rainer, München: 4-5, 8, 15 o., 16 bo., 19 (2), 21 o., 32 re., 34, 52, 69 o., 82 o., 83 bo.; Bridgeman Art Library, London: 14, 28 o., 35 o., 54-55, 65 bo., 73 (2), 74, 82 bo., 84 bo., 90, 91 li.o., 93 re., 94 li.; Bpk Berlin: 7 o. (Dietmar Katz), 18 bo. (Lutz Braun), 23 bo. (Alfredo Dagli Orti), 24 o. (N.N.), 28 bo. (N.N.), 28 bo. (Petersen), 31 o. (Knud Petersen), 33 li. (Christa Begail), 64 bo. (N.N.), 66 bo. (N.N.), 67 bo. (Hermann Buresch), 68 o. (N.N.), 69 bo. (Joseph Martin), 92 li.bo. (Knud Petersen), 93 mi. (N.N.), Fotoarchiv, Essen: 10 o. (Henning Christoph), 31 bo. (Andreas Riedmiller); Gettyone Stone, München: 66 o. (Turnsek); Image Bank, München: 27 o. (N.N.); Laif, Köln: 7 bo. (Heidorn), 9 bo. (Kirchner), 23 o., 88-89 (Piepenburg), 40, 50, 57 (C. Emmler), 41 li. (S. Kristiansen), 58 o. (Krause), 61 (Frank Tophoven), 85 (Hub); Look, München: 21 bo., 84 o. (Konrad Wothe), 25 (Christian Heeb), 29 bo. (Rainer Martini), 30 (Bernhard Limberger), 39 bo., 44, 63, 75 (Florian Werner), 42 (Konrad Wothe), 45 (Jan Greune), 48 (Jürgen Richter); Südwest-Verlag, München: 35 (Joachim Heller); Visum, Hamburg: 12-13 (Martin Franz)